ゼロスタートから
米国不動産投資に
成功している人の
アパート投資法

浅野ヨシ 著

セルバ出版

まえがき

大変革期にいる私たち

はじめまして！　アメリカ、ダラスを拠点に不動産投資をしている浅野ヨシです。

普段は1歳と3歳になる子供達と妻の家族４人でアメリカ生活を楽しんでいます。

考えてみると、１９９６年にカリフォルニアへ来てから、アメリカ生活も24年経ちました。

アメリカに来た頃はＤＪをやっていたので、１９９９年の年末、クラブでカウントダウンイベントに参加していました。

Ｙ２Ｋ問題が話題となり、コンピュータの誤操作で大混乱が発生し、銀行口座は消え、核兵器が誤発射して世界がなくなるなんて都市伝説も流れました。

ドキドキしながら年が明けましたが、何も起こらず、会場のボルテージはマックスとなりました。周りにいた知らない人達と、「ハッピー・ニューイヤー！」と言いながらハグして20世紀最後の年明けを祝いました。

その頃、ガレージや学生寮の一室で生まれたＩＴ企業が、今、社会インフラになりつつあります。情報革命時代の幕開けです。

21世紀に突入して20年経った今年は誰も予測していなかった、コロナ騒動で世の中の常識がまたアップデートされています。

今までの常識は非常識になる、大変革期に僕たちはいると思います。産業革命以来の200年に一度のエキサイティングなときに生きていられるなんて、なんと幸運なのでしょうか！

200年に一度、世の中の流れがガラッと変わるこの変革期はプライベートでも、ビジネスでも、大きく成長できる大チャンスです。

この変革期に時代の変化の波に乗れば、自分が想像している以上に大きく成長できると信じています。

波に乗るには船がいる

その波に乗るためには「船」が必要です。今までの常識では、政府や企業という「大船」に乗っていれば、そのあとはあまり心配しなくても、安全な航海ができました。

ただ、今はその大きな「大船」が老朽化して沈没しそうになっています。

今まさに「船」を乗り換える時期が来ています。では、どこに新しい「船」があるのか？　これからは「船」を自分でつくる時代だと思います。

自分でつくる「船」は自由に設計することができます。スピード重視でつくってもいいし、見栄え重視でもよいでしょう。大きさも様々です。全部自分が納得のいくようにカスタムして、気に入る形に仕上げるのです。

そうすると、古くさく、現代にそぐわないルールのある堅苦しい大きな「大船」から一転し、毎日ワクワクして運航できる「船」に乗り換えられます。

行き先も自由に決められます。出航時間も自由です。行きたいときに行きたい所へいく。気が向かなければその日は休む。本当に自然体でいることができるようになるのです。経済的な体力がついてくれば、大きめの「船」に買い替えてもいいですし、複数台持ってもよいと思います。

自分で自分の「船」を手に入れよう

では、具体的にどうやって自分の「船」を手に入れられるでしょうか？　僕の場合はアメリカ不動産投資という形で自分なりの「船」を手に入れることができました。

僕のような、「金なし」、「コネなし」、「学歴なし」の落ちこぼれが、異国の地、アメリカでも実現することができたわけです。

方法は無数にあると思いますが、どこから手をつけてよいのか、具体的にどんな方法があるのか模索中の方もいると思います。

そこで、皆さんが「船」を手に入れるための参考に少しでもなればとの思いから、本書を書くことにしました。

手に入れるのはとても簡単です。自分なりの「船」の設計図をつくり、あとは、手に入れたい！という「強い気持ち」と「行動力」、そして手に入れるまで諦めない「粘り強さ」さえあれば誰でも手に入れることができるのです。

自分らしいライフスタイルを持っている方が増えれば増えるほど、日本は元気になり、世界の模範となるような国となっていくと信じています。

本書を読んで1人でも多くの方が行動を起こし、自分だけの「船」、経済的自由を手に入れて、オリジナルのライフスタイルを確立していただければこれ以上、光栄なことはありません。皆さん1人ひとり、自分らしい生活を築き、素晴らしい未来を創っていきましょう！

浅野　ヨシ

2021年1月

ゼロスタートから米国不動産投資に成功している人のアパート投資法　目次

第4章　やってみてわかった！　住宅フリップビジネス

第6章 物件取得までのプロセス

第7章 投資案件クロージングの実例

2

物件紹介…144

第8章　コロナ後に迎える世界はチャンスであふれている！

第9章　個々の時代は好きなことをして収入を得よう！

あとがき

第1章

貧乏留学生が不動産ビジネスに出会うまで

1　貧乏留学生と丘の上のお金持ち

スーツケース1個と300ドルで渡米

1996年。19歳のとき、僕はアメリカ・カリフォルニア州に渡りました。

アメリカに到着したときの持ち物は、スーツケース1個に詰め込んだ衣類、歯ブラシ、ドライヤー、パスポート、正露丸、辞書、インスタント味噌汁とポケットに入っていた現金300ドル。

渡米の原資は高校を卒業して1年間、地元の電材卸会社で仕事をして貯めた僅かなお金でした。

当時、留学というと裕福な家庭出身の方が多く、僕のような貧乏学生はマイナーな存在でした。

そうまでしてアメリカに渡ったのは、海外に出て見聞を広めたかったことと、英語を覚えたかったからです。もちろん、遊びまくりたいという裏の目的がなかったとはいえません（笑）。若かったせいか、出発まで不安や悩みは一切ありませんでした。

お金はなくても新鮮で刺激的な日々

僕が住んでいたオレンジカウンティーは、ロスから車で南に1時間ほどに位置し、大谷翔平選手が所属しているエンジェルスの本拠地です。元祖ディズニーランドやサーフィンで有名なハンティントンビーチなどがある、比較的華やかな土地でした。

この華やかな土地柄とは対照的に、当時の僕は絵に描いたような超貧乏学生生活を送っていました。どれくらい貧乏だったかと言うと、時には銀行口座の残高が20ドル（２０００円）を切ってATMからの引き出しができなくなったくらいです。

そんなときは『お腹が空いたらスニッカーズ』のCMのように、1日1本のスニッカーズで過ごしたり、当時、スーパーで15セント（15円）だったマルちゃんのインスタントラーメンを食べて凌いだりしていました。

当時はインターネットがまだ一般には普及しておらず、フェイスタイムやズームなどもありませんから、1分1ドル以上する国際電話や、到着まで1週間もかかるエアメールで日本の家族や友達と連絡をとっていました。

今よりも日本とアメリカの距離感が遥かに遠かった時代、ホームシック気味になったこともありましたが、何もかもが新鮮で刺激的な日々であり、苦労しているという感覚は全くありませんでした。

カリフォルニアで見た丘の上のお金持ち

広くて綺麗に整備された道路沿いには、プールやテニスコート付きの大きな豪邸が並んでおり、カリフォルニアの太陽にヤシの木が映えてキラキラしていました。とてもゴージャスな雰囲気で、アメリカは本当に豊かだなぁと思いました。

それと同時に、裕福な人がこんなに大勢いるのなら、僕もどうにかすれば将来このような生活ができるのではないか、あそこにたどり着くにはどうしたらよいのだろうといつも思いを巡らせるようになりました。

置かれている現状には関係なく、目標に向かって頑張れば、アメリカン・ドリームを掴むことは誰にでもできるのだと、都合よく思い込んでいたのです。

豊かな生活をするためには稼がなくてはいけない。そのために自分でも事業を起こしたいと考えるようになりました。

例えば、現地のサーフボードやスノーボードの輸出業をしようかと、ハンティントンビーチのサーフショップや地元のアメカジ・ショップと交渉もしました。しかし、当時はネット販売などはまだなく、ビジネスは既存の流通を使う必要があり、コスト的にも貧乏留学生ができることは限られていました。当然、結果は惨敗です。

それに比べると今はお金をかけなくても、ラップトップ1つとアイデアで起業できる恵まれた時代。チャンスは当時の何十倍もあるのではないでしょうか。

現実は生きるのに必死の日々

金銭面でも本当にギリギリで、なんとか日本食レストランで働かせてもらい、食いつなぐという日々。幸いにもお寿司屋さんでのバイトが見つかり、チップをはずんでくれる丘の上のお金持ちが沢山食べに来ていたので、何とか学生をしながら生活ができる状態まではなりました。

僕は学費の安い2年制のカレッジに通っていました。

2年制カレッジの学生は通常3年目に、4年制大学の3年生に編入するのですが、4年制大学の学費はカレッジの何倍もします。

実家は小さな商売を整理したばかりで、無理を言って僅かな仕送りをしてもらい、学費の大半をバイトの収入で賄っていたので、予算オーバーです。

ひっくり返っても奨学金をもらえるような頭はなかったので、1年間の語学スクールとその後2年間のカレッジ、計3年間で学生生活を終えました。

それでも2年制大学を卒業できたのは、アメリカ行きを許してくれ、商売をたたんで大変な時期にサポートしてくれた実家の家族のおかげです。それから20年以上続くことになるアメリカ生活のキッカケをくれたことに、今でも本当に感謝しています。

2　ビジネスと不動産

アメリカで就職

大学卒業後、帰国の選択もありましたが、学生ビザの場合はプラクティカル・トレーニングという、1年間の就労研修ビザがおりるので、1度アメリカで働いてみたいと思い、就職活動を始めました。

いくつか貿易関係の会社へ面接に行きましたが、よい返答はもらえませんでした。

そんな中、日系スーパーの掲示板にたまたま貼ってあった求人広告を目にして応募したところ、懐の深いT社長が自ら面接してくれ、僕を採用してくれました。採用通知をもらったときは、本当に嬉しくて飛びあがって喜びました。

初めて働いた会社は日系の建築設備機器メーカーの北米法人で、ビジネスが大好きなT社長は、その他にも当時ドットコムバブルの渦の中で始まったばかりのオンラインショップも経営しており、僕はそのオンランショップ部門の責任者をさせてもらうことになりました。

オンラインショップでは、アメリカのあらゆるグッズを日本向けに販売していて、ウェブページの作成や管理、オンラインマーケティング、仕入、価格設定、受注管理、出荷、在庫管理などすべてをやりました。

そうです、学生時代にやろうとしていた事業を、会社の資金でサラリーマンとしてではありますが、実現できたのでした。やりたいことだったので仕事はとても楽しく、業績も徐々に伸びて行きました。

この時期、T社長に教えていただいたベンチャー的なビジネススタートアップのノウハウが、僕の中では財産となっています。

T社長とはいまでもお付き合いさせていただいていて、人生の先輩としてとても尊敬しています。

ヘッドハンティングで転職

結局３年そこで働きましたが、僕にも転機が訪れました。かっこよく言うとヘッドハンティングを受けたのです。転職先は、これまた日系の住宅設備機器メーカーですが、今度は業界ナンバー１の大手でした。アメリカでよくあるステップアップのための転職です。この会社にはその後、僕が不動産業で独立するまでお世話になりました。

Ｔ社長の会社とは対照的で、大手企業によくある保守的で官僚的な企業でした。上層シニアが力を持ち、実績よりも内部政治が出世の鍵を握るような部分が、正直僕には合いませんでした。

しかし一方で、前職よりも動かせる金額が大きくなり、全米大手企業がクライアントとなったので、ビジネス界の本流で仕事している感覚は、とても楽しかったです。

お付き合いする人達も、いわゆるエリートと呼ばれるような方が増えました。多くはＭＢＡを保持して大手企業の経営者となるべく、幹部コースでバリバリ仕事している方々です。

僕もこの会社でやっていくなら目標は社長だと決め、どんどん仕事にのめり込んでいきました。そんな時期、仕事以外で盛り上がる話題が多かったのが、株や不動産の話でした。

リーマンショック前の、不動産バブルを体験

アメリカ人は個人積立型年金４０１Ｋを自身で運用しなくてはいけないので、嫌でも株などの投資に敏感になるようで、僕の感覚では日本に住んでいる日本人よりも投資に明るい方が多いと思い

ます。なので、会話の中で「投資で儲けた」という話をよく耳にしていました。

リーマンショック前のカリフォルニア州オレンジカウンティーの住宅不動産市場は、絶好調でした。その時期は同僚との会話も不動産投資の話ばかりです。

10年で3倍以上値上がりしたので、50万ドル（5000万円）で購入した住宅が150万ドル（1億5000万円）になったというような話が、ザラにありました。

多くの人が買えば儲かると信じ、物件の収益性を度外視して、狂ったようにキャピタルゲイン狙いの不動産を取得していました。

そんなバブリーな状況の中、僕もアリゾナ州フェニックスのアパート物件などを検討していましたが、バブルのピークを迎え、収益が出る物件が見つかるはずもなく、購入までには至りませんでした。

「靴磨きの少年やスーパーのレジ係のおばさんが投資の話を始めたら、相場は天井だから手を出すな！」という小話がありますが、状況はまさにそんな感じでした。

ウォーレン・バフェットの有名な言葉に、『皆がどん欲なときに恐怖心を抱き、皆が恐怖心を抱いているときにどん欲であれ』というのがあります。2006～2007年あたりは、まさにみんながどん欲で、ある意味異様な雰囲気でした。

収益を度外視して買った投資家たちは、リーマンショック後に大きく含み損を出してローン返済の気力を失い、破綻してしまいました。

アロハシャツの元警察官投資家との出会い

建築設備機器メーカーという職業柄、仕事を通して会うクライアントは不動産関係者も多く、住宅メーカー、ホテル経営者、アパート経営者など数多くの方達と仕事させてもらいました。

ある日、アパートオーナーの所へ営業に行くことになり、フルサイズのフォード・ピックアップトラックにサンプル商品を積んで、レドンドビーチに向かいました。

ここで現れたのがアロハシャツにショーツ、サンダルというスタイルの白人のおじさん。いわゆる一般的なビジネスシーンとはかけ離れた風貌に、度肝を抜かれました。服装だけでそんなにショックを受けたのは、当時は保守・官僚的な職場環境で働いていたので、僕の頭が固くなっていたのかもしれません。

そんな風貌のおじさんに興味が湧いて、話を聞いてみることにしました。すると、なんとそのリゾートスタイルのおじさんは元ＬＡＰＤ（ロサンジェルス警察）の警察官だったというのです。

警察官時代にガラの悪いテナント達が入居している4世帯アパートを格安で購入し、警察官のスキルを活かしてテナント達を管理し、バリューアップを成功させたそうです。それをきっかけに不動産投資を続けて規模を拡大し、今ではカリブ海でリゾートホテル開発まで手がけていると言っていました。

この方との出会いは、僕にとっては本当に衝撃的でした。「サラリーマンや公務員からでも不動産投資家として独立することができるんだ。しかもゼロスタートからでもリゾートホテル開発などドデカイ仕事ができるようになれるんだ！」と、実践している人を目の前にして、明確にイメージができた瞬間でした。

仕事どっぷりの生活から、起業準備へ

不動産投資には原資を生み出すビジネスが必要です。ビジネスで稼いだお金を常に不動産投資に回すことができれば、継続的に規模を拡大できる・・・考えを巡らせるうち、起業したい気持ちがまたフツフツと湧いてきました。

幸いアメリカでは副業を認めている企業が多く、完全に独立する前に週末起業をする方を結構見かけます。まずはやってみて、ダメなら次のアイデアをビジネスにしてみるというのを繰り返し、当たったら独立するイメージです。

サイドビジネスからの収入がサラリーマンをして得られる収入に追いついた時点で独立できれば、低いリスクでキャリアシフトができます。

僕がいた会社も副業ＯＫだったので、すぐにいくつかのビジネスを始めてみました。前職で培ったノウハウを使ってシルバーアクセサリーのネット販売サイトを立ち上げたり、住宅設備機器取付け業者を開業したりと、週末返上で色々なビジネスにチャレンジしました。

同僚が週末にゴルフやスポーツ観戦などに行き、休暇をエンジョイしている間に、僕はコツコツと将来に向けて、仕事をしていたわけです。

やってみてわかった、ビジネスの難しさ

結果から言うと、どれも少々の利益は出るのですが、大きく売上を伸ばし本業にするまでには至らず、という結果でした。

住宅設備機器取付け業者の場合、自分が持っている設備（この場合はトラックの台数）が売上の上限を決めてしまうことに限界を感じました。

レストランを例にすると、お店の最大売上の上限は、店舗の大きさや席数で決まってしまい、それ以上伸ばすには店舗拡張や新規店オープンなど、常に大きな投資が必要です。このようなビジネスは拡大の難易度が高いと感じました。

シルバーアクセサリーのほうは、競合が多く完全にレッドオーシャン。目標設定価格では販売が伸びず、価格競争に巻き込まれました。その他にも自動販売機、コインランドリーなどのビジネスを検討しましたが、どれもよいとは思えませんでした。

しかし、とりあえずやってみたことは無駄ではなく、見えてきたことやたくさんの学びがありました。ビジネス立ち上げのプロセスもすべて自分の勉強になり、次へと繋がりましたし、マーケティングや設備機器の知識も、今の物件管理に役立っています。

たどり着いたのは不動産ビジネス！

そして最終的に僕が行き着いたのが「不動産ビジネス」でした。

投資もビジネスも不動産に絞った理由は、どうせやるなら「不動産」くくりで両方できれば、相乗効果や業務の効率化が期待できると考えたからです。

また、取り扱う金額が大きいので規模感を出しやすく、オフィスのサイズや持っている設備で売上の上限が決まらないなど、僕にとって魅力的な点がたくさんありました。

そもそも「不動産投資」が最終目的で、その原資づくりでビジネスを考えていたので、最初から不動産軸のスタイルの方がしっくりきました。「これからの5年間は、不動産投資と不動産ビジネスをしていく！」そう心の中で考えがまとまりました。

〔図表1〕

アメリカに渡った直後、ホームステイ先でホストファミリーと

〔図表2〕

サーフショップを巡り取引先を探していた頃

〔図表3〕

ボロアパートで毎日インスタントラーメンを食べる極貧生活だった

第2章

まずは、
不動産投資を
理解する

1　キャッシュフローを生み出す不動産

金持ち父さん貧乏父さん

不動産を軸として投資活動していくと決めた以上、ゲームのルールを知らなくてはいけません。そこで僕は、不動産投資の良書、ロバート・キヨサキ氏の『金持ち父さん、貧乏父さん』を読み直しました。

アメリカ不動産投資をしている方のほぼ100％が読んでいる本で、この本をきっかけに不動産投資を始めた方も多いと思います。まだ読まれていない方は一度読んでみるのをおすすめします。

この本の中ではファイナシャル・リテラシー（お金の知識）を高めること、具体的には、お金の流れを正しく理解することの大切さが説かれています。

収入を出費に回すのではなく、収入を投資し、投資から得たキャッシュフローで必要な出費を賄うという仕組みをつくるのです。欲しいものがあれば、収入から買うのではなく、まずは投資をして、その投資が産んだキャッシュフローで欲しいものを買うのです。

100万円の収入があり、その100万円で車を買ったとします。現金はなくなり、手に入れた車はビンテージや限定版ではない限り、買ったその日から資産価値が下がり、5年も乗ると資産価値はほぼなくなってしまいます。

一方、その100万円で1000万円の不動産を買うとどうでしょう。100万円を頭金に使い、900万円は銀行から融資を受けます。その投資物件からは毎月5万円のキャッシュフローが生まれるとします。

キャッシュフローを20か月間貯めて、100万円の車を買います。すると、残るのは、月5万円のキャッシュフローを生み出す1000万円の不動産と車です。

同じ100万円を使うのでも、残るものが全然違います。

アメリカ不動産の場合は、長期で見ると値上がりしています。仮に5年後にその不動産を1500万円で売ったとします（これくらいの値上がりはよくある話です）。

ローン900万円を返しても、手元には売却益600万円と、今まで受け取ったキャッシュフロー（5万円×60か月）と、買った車が残るのです。

ロバート・キヨサキ氏の富の定義

金持ちの定義とは現金預金残高ではなく、現金以外の投資資産がいくらあり、その投資から生まれるキャッシュフローでどのくらいの期間、働かなくても生活できるかで測るのだと、ロバート・キヨサキ氏は言っています。

例えば、売却益600万円を切り崩して生活する場合、1年程度で資金は底をついてしまいます。

しかし、その資金を頭金に使って、また融資を受けて6000万円の不動産に投資した場合はどうでしょう。そこから月30万円のキャッシュフローが生まれれば、おそらく多くの方は会社勤めしなくても生活はできると思います。

彼は、これがウェルス（富）だと言っています。このようなキャッシュフローを生み出す投資に適しているのが、不動産だということです。

2 不動産投資とは

不動産投資なら、融資の活用でレバレッジをかけられる

株やゴールドの場合は、キャッシュフローは生み出さないので、売却時のキャピタルゲイン狙いのみとなります。また、銀行は株やゴールドの購入のためには融資をしてくれませんので、1000万円分の株やゴールドを買おうと思うと、1000万円の投資をしなくてはいけません。

仮に5年後1500万円で売却できた場合、売却益500万円ですので、投資額に対してのリターンは50％です。

悪くはありませんが、先に述べた不動産の場合は、1000万円の不動産物件を100万円の持ち出しで買っているので、1500万円で売却した場合、900万円のローン返済と100万円の持ち出しを引いた後の500万円がリターンとなります。投資額に対してのリターンでみると500％となります。投資リターンが10倍ですね。

また、１０００万円資金があるのであれば、その１０００万円を頭金とし、１０００万円の物件を10件買うことも可能です。そうすると、同じ１０００万円の投資でも、株だと１０００万円の資産価値への投資で、５００万円のリターンなのに対し、不動産は１０００万円を頭金として1億円の資産価値への投資となり、1億５０００万で売却し、９０００万円のローン返済と元本１０００万円を差し引いた、５０００万円のリターンとなります。

同じ投資額でも、一方のリターン５００万円に対して、不動産は５０００万円！

このように借り入れを使って自己資金の何倍もの資産を購入することを、レバレッジをかけると言います。レバレッジ（ローン）をうまく使いこなせれば、大きくリターンを得られる可能性が高まります。

不動産投資は、知れば知るほど好きになる

お気づきになられた方もいると思います。そうです、不動産投資の場合は、自分でお金がなくとも他人からお金を借りて投資できてしまうのです。その点で、不動産は資金調達ビジネスとも考えられます。購入資金を銀行から調達し、投資をどんどん増やすことで富を増やしていくことが可能となるのです。

なぜ銀行が不動産には融資をするかというと、土地と建物は目で見えて、手で触れることができる現物なので資産価値がゼロになることがなく、実績のある管理会社に任せれば一定基準で回せる、

リスクが低い安全資産だと見ているからです。

銀行は人から預かっている預金を運用しなくてはいけません。その運用方法の1つが融資(貸付)です。融資を受ける側からみると、個人や企業が銀行に預けた預金を銀行を通して借りて、不動産投資ができるのです。

「自分はお金がないから投資できない」なんて言うのは言い訳にすぎません。銀行側も運用がビジネスなので、優良物件へは喜んで融資してくれますし、投資家からも投資資金は集められます。

悪い借金・よい借金

ここで、ローン(借金)について考えてみましょう。ローンを資金調達として使うのか、ただ単に借金するのかでは、全然意味合いも性質も違います。

借金は悪いイメージですよね。車、海外旅行、洋服などをローンで買うと、その借金は自分の給料から返すことになり、借り過ぎるとまさに借金地獄となります。

これでは富を生むどころかドンドンお金がなくなります。これは悪い借金で、絶対に避けなければいけません。

一方、不動産購入の資金調達のためのローンであれば、大きな物件を購入できますし、その収益物件から得られる収入でローンの返済もでき、それ以上に収入があればキャッシュフローが生まれます。

これはとてもよいローンの使い方で、ローンをすればするほど富が増えていきます！　ここが、不動産が他のアセットクラスより優っている大きなメリットの1つではないでしょうか。

また、毎月の家賃収入は会計上、減価償却でかなり圧縮できますので、収入に対しての実質税率は給料や他のビジネスで得た収入の税率に比べ低く抑えられます。

僕が2019年に購入した物件は、物件価値の40％近くを初年度に償却できたので、所得税はほぼゼロに抑えることができています。

まとめると、不動産投資には、次のような複数のキャッシュポイントがあると思っています。

①　融資が受けられ、レバレッジをかけて投資できる。
②　キャッシュフローがある。
③　減価償却やキャピタルゲイン税繰り延べ（1031エクスチェンジ）など節税ができる。
④　売却時はキャピタルゲインも見込める。

このような理由から、僕は不動産への投資が大好きです。

その他にキャッシュフローが得られる投資として、ビジネスを買う方法があると思います。

しかしビジネス経営にはそれなりのスキルと、そのビジネスを育てるための莫大な時間が必要となってきます。

ローンの審査も不動産よりハードルが上がってきますので、特定の方向けとなるのではないでしょうか。

3　投資と投機

インカムゲイン狙いが「投資」、キャピタルゲイン狙いは「投機」

富の定義のお話をしましたが、私はインカムゲイン狙いのものが「投資」だと思っています。

一方、キャッシュフローを生まず、将来の値上がり、いわゆるキャピタルゲイン狙いの運用を「スペキュレーション（投機）」とよんでいます。この2つは性質が全然違うので、運用する際はこの2つを分けて、それぞれ明確な戦略を立てて実行することをおすすめします。

キャッシュフロー狙いの物件は購入前から収支予測を立てられ、購入後も自身で努力することができます。自分で資産パフォーマンスをコントロールすることができるので、よりリスクを低く抑えられます。

一方、キャピタルゲイン狙いの場合、将来の値上がりはマーケットが決めるので、自身でのコントロールは限定的となり、マーケット頼みとなるところが大きいです。

そうなると、投資よりも投機（ギャンブル）に近い性質になる場合があるので、注意が必要です。もちろんマーケットの波を読んでキャピタルゲイン投資で大成功している人もいます。どのアセットクラスでも勉強し、対象案件を深く理解した上で投資すれば大きく増やすことができます。投資を成功させるには自分にあったアセットクラスと戦略を明確に持つことがとても重要だと思います。

第3章

アメリカで
不動産投資を
成功させるための、
スタートアップ

1　まずは人脈づくりから始めよう

不動産投資クラブに参加する

不動産投資とは、いわば資産からのキャッシュフローを増やすことだと僕は理解しました。しかし、実際どのように物件を選定し、収支予測を立て、銀行からの融資を得て購入し、物件の管理をしなくてはいけないのか？　実務についてはよくわからなかったので、不動産投資に関わる本を、日本語、英語問わず読み漁り、数か月でイッキに基礎知識を詰め込みました。

そして、不動産投資クラブをネット検索し、当時住んでいた家の近所で会合があることを知り、行ってみることにしました。

セミナー形式のところが多かったので、不動産投資のあらゆるトピックの勉強にもなりました。物件収支予想の立て方、物件サーチのコツ、融資の種類や銀行の情報、物件鑑定方法、エスクローの仕組み、また、キャッシュフロー物件投資以外に、フリッピングやノート（ローン債権）投資など、不動産関連のビジネスについてもたくさん勉強できました。

また、多くのライク・マインディット（考え方が似ている）な人達との出会いは、とても刺激的で新鮮でした。そんな環境下に自分を置くことで、自分自身が進むべき道をさらに明確にするプロセスにもなりました。

メンターの重要性

アメリカ人投資家からは「何かで成功したければ、すでに成功している人達で自分を囲め」とか、「メンターを見つけて学べ」などということをよく耳にします。

例えば、メンターとなる先輩が10年間かけて培かったノウハウを、ほんの少しの時間で学んでしまうことも可能です。仮に10年かけて蓄積されたノウハウを1年で自身にインストールすることができれば、成功までの時間を９年間も短縮できたこととなります。これがメンターを持つ最強で最大の理由だと思います。

時間はお金よりも大事だと思っているので、時短にはメンターを持つことは必須です。自分で1から経験を通して学んでいたら、中々前へ進めず、あっと言う間に人生が終わってしまいます（笑）。

真似できることはとことん真似して、失敗談を聞いて同じ失敗をしないようにすれば、こんな近道はありません。必要な知識をインストールできたところで自分なりのアレンジを加えオリジナル・スタイルが確立できれば最強だと思います。

2　目標を設定し、財務諸表を理解しよう

成功を明確にイメージできると「思想は現実化する」

自分の周りにいる人達の影響力は自身が思っている以上に大きいと思います。不動産投資をする

ならば、その世界ですでに活躍している人や自分と同じ目標に向かって活動しているグループに身を置くことも、メンターを持つのと同じくらい大切です。

そのような中に身を置いていると、初めは途方もなく遠い目標と思っていた投資ゴールも段々と近く感じて来ます。

知識や有益情報は雑談からもかなり吸収できますし、自分が目指す目標をすでに実現している人が近くにいると、自分も同じことができる具体的なイメージがつきやすいのだと思います。

今はYoutube、サロン、リモート・ミーティングなど様々な方法でメンターやグループと接する機会がありますから、自分にあった方法で自分が目指す世界の先輩達の中に身を置くことは可能なはずです。

そんな中に身を投じ、成功までの道筋や成功後の自分の姿を頭の中で明確に描くことができれば勝ちです。明確にイメージできればできるほど、成功する確率は上がると思います。

まさに、自己啓発の父、ナポレオンヒルが言った「思想は現実化する」とはこのことです。近年、なりたい自分の姿を頭でイメージできれば、それが現実化する可能性が高まることが、脳科学の研究でも証明されてきているそうです。

この説明をすると長くなってしまいますのでここでは割愛しますが、興味がある方は是非、関連動画や本などで調べてみてください。このマインドセットを深く理解して実践することで、きっと将来の成功につながっていくと思います。

不動産投資の目標設定

不動産投資クラブメンバーの中には既に経済的自由を手にしている人も多くいたので、その人達のアドバイスや教えは、僕には宝の山のように貴重なものでした。

その中の１人は、何もないゼロスタートから始め、最初は中々結果が出せず苦労したそうです。まさにバイトを続けながら、とにかく投資クラブに１００回以上通いつめたそうです。そこで今のビジネスパートナーと出会ったことで状況が好転し、大きな壁をぶち破り、成功したと言っていたのが印象的でした。

それを見習って、まだ不動産投資に関しては手探りだった僕も、投資クラブに週３回くらいのペースで通いつめました。

Buy Million, Own Million, Get Million!

そこで出会った、ある成功者は目標を３段階に分けて、こう語っていました。

Buy Million, Own Million, Get Million!

まず、１億円相当の物件を買い（ローンでキャッシュフローが出る物件を）、次に１億円の資産を持ち（総資産からローンを引いた純資産）、最後に、１億円のキャッシュフローを得ようと。そして重要なのは、必ず個人の財務諸表をつくり、自分の位置を定期的に確認することだと。

財務諸表、特に Net Worth（純資産＝総資産 － 負債）は投資の成績表で、もし目標達成が難しいのであれば、達成に必要な条件、スキル、方法など見直しをして、投資戦略を常に最適化する事が大切だと言っていました。

僕も目標をBuy Million, Own Million, Get Millionとして、そのとき始めて自分個人のP＆L（損益計算書）とBalance Sheet（貸借対照表）をつくりました。

それ以来定期的にアップデートして自分の位置を確認しています。もし目標達成が難しいと思ったときは、いつも投資戦略を考え直し、修正し、少しずつでも前に進めるよう、常に心がけてきました。

僕は今、Buy MillionとOwn Millionはクリアーしているので、Get Millionに向け、活動中です。

財務諸表は、自分の成績表

この財務諸表づくりは絶対におすすめします。と言うより、これは必須だと思います。成績表がないと自分の位置が確認できませんし、目標もボヤけたものになってしまうからです。また、自分個人のお金の流れすら理解し、管理できなければ、投資案件やビジネスのお金の管理などできるはずがありません。

財務諸表といっても上場企業の資料のような難しいものではなく、小学生でもつくれるような簡単な足し算と引き算の表です。

参考までに財務諸表のサンプルをご紹介します（図表4）。

〔図表４　財務諸表の例〕

INCOME/EXPENSE INFORMATION（損益計算書）

SOURCES OF CASH（収入）		（月）	USES OF CASH（支出）		（月）
定期収入	給料		出費・経費	所得税	
	コミッション、ボーナスなど			年金等	
	配当など			生活費	
	不動産収入			家賃	
	その他ビジネス収入			その他出費	
	その他			ビジネス経費	
				その他	
	小計	$ -		小計	$ -
不定期収入	コミッション、ボーナスなど		ローン等	ローン返済	
	キャピタルゲイン			その他	
	その他				
	小計			総出費	$ -
合計		$ -	キャッシュフロー		$ -

BALANCE SHEET（貸借対照表）

ASSETS（資産）			LIABILITIES（負債）		
現金			住宅・不動産ローン	自宅	
国債など				その他投資物件（100%保有）	
銀行口座				その他投資物件（一部シャア保有）	
生命保険など			その他ローン	家族・親戚など	
株、社債など				その他　（車など）	
個人年金プラン					
パーソナル資産					
設備やその他ビジネス資産			税金	消費税	
自動車など				その他税金	
不動産	自宅		未払い請求書		
	その他投資物件（100%保有）		クレジットカード残高		
	その他投資物件（一部シャア保有）		その他負債		
その他資産					
			総負債		$ -
			純資産		$ -
総資産		$ -	資産と負債合計		$ -

〔図表５　P&Lとバランスシート〕

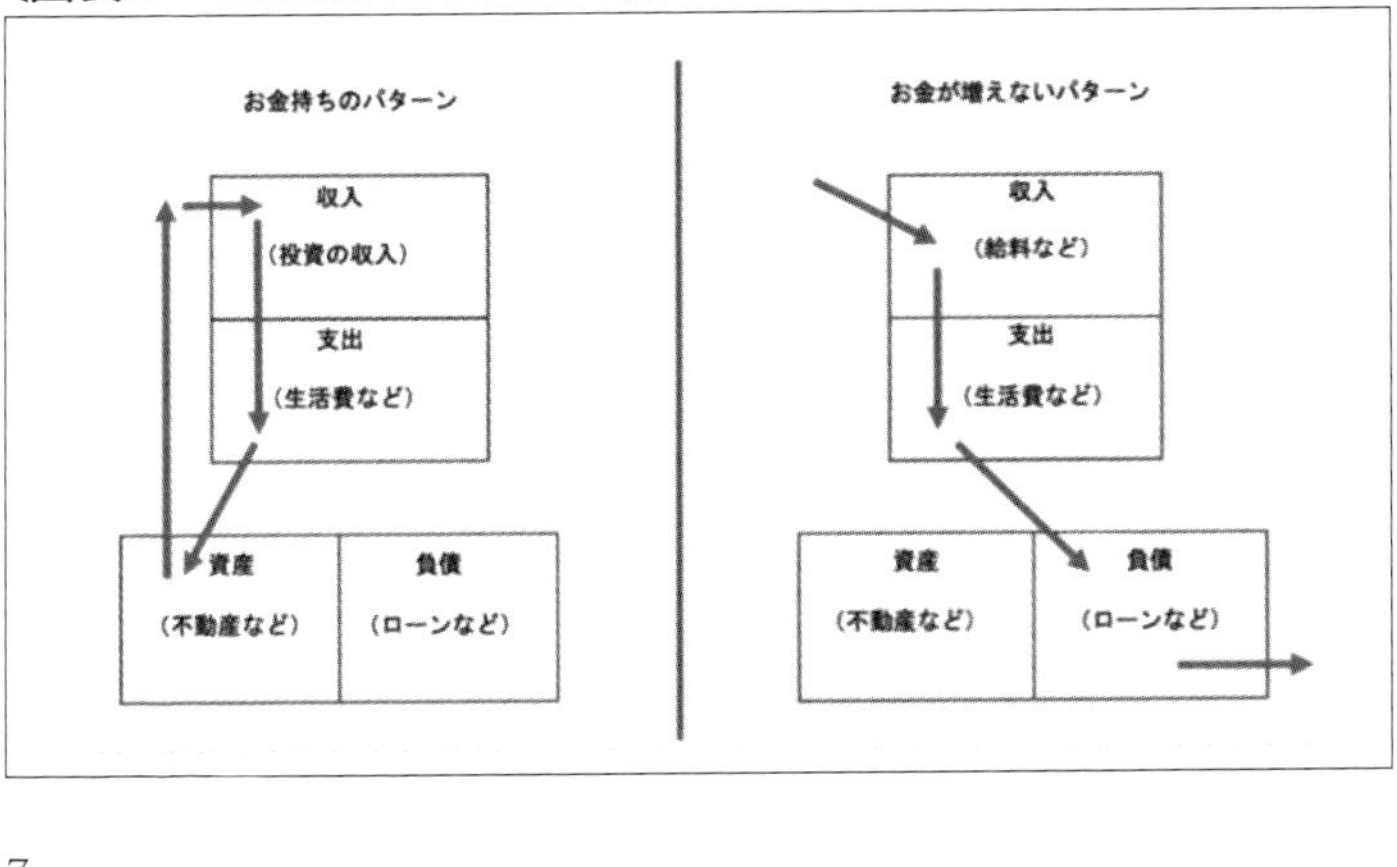

このようなものを使い、お金の流れを確認します。

具体的にはお金の流れは図表5の2パターンがあり、金持ちと貧乏人の違いはこれだけだといってもよいくらいです。

ロバート・キヨサキの富の定義で書いたことを思い出してみてください。まず先に投資をして資産をつくり、資産から生まれるキャッシュフローで生活費を賄い、欲しいものを買うのです。

とにかく、個人のお金の流れが「お金持ちのパターン」になるようにしましょう。そしてその資産規模を大きくしていくのです。そうすればキャッシュフローも自然と増えていきます。

初めは節約しまくってでも、金持ちパターンを目指して資産形成をしていくことが、経済的自由を手にいれる近道です。

もし、車、バイク、ハイブランドの時計やバッグなど、お金を生まない高価なものがあれば売ってしまって、投資資産を買い進めてもよいくらいです。僕は住んでいた家を売って、投資用アパートを買ったこともあります（笑）。

楽しく知識を身につけていく

投資クラブに来ていた成功者のある人は、常に学び続けることが大切だと言っていました。積極的にセミナーに通い続け、学びを止めてはいけないと言っています。

それはもっともで、学びを止めた時点で成長がストップするのではなく、逆に退化してしまいます。なぜなら時代は進んでいるので、止まるイコール衰退だからです。死ぬまで学び続けなくてはいけないですね。

ただ、嫌いなことや、興味のない勉強をストレスを感じながら無理やりするのではなく、好きで興味があることを学び続ければよいと思います。そうすれば楽しいので勉強している感覚はほぼゼロです。どちらかというと遊びの感覚ですよね。

最近は、ユーチューバーの感覚がそれに近いと思います。好きなことを学び続ければその分野で専門家になれますし、その道のりはほぼ遊びです。

カリフォルニアで、いきなり壁にぶちあたった

僕は不動産投資クラブに通い続け、メンターや先輩方から、不動産投資の知識や、成功哲学を楽しく学びながら、最初は当時住んでいたカリフォルニアで個人でも買えそうな小ぶりな物件を探していました。

しかし、目標とするキャッシュフローが見込める案件は見つかりませんでした。僕はいきなり壁にぶちあたったのでした（笑）。

今となっては当たり前にわかるのですが、カリフォルニアは中国を始めとしたアジアマネーが流れこみやすく、莫大な投機的資金によって不動産価格がつり上がりやすい土地です。

キャピタルゲイン狙いで、利回りが低くても強気で購入する投資家達と競合しなくてはいけませ

んので、インカムゲイン（キャッシュフロー）狙いの投資家には厳しいマーケットです。

ちなみに投機マネーはマーケットサイクルで資金を移動させるので、市場の下落局面では資金を引き上げます。そうなると市場の冷え込みに拍車をかけ、価格がさらに下がります。このような理由からボラティリティーが高いマーケットだと言えると思います。

ニューヨークもカリフォルニアと似ていて、ロシアやヨーロッパのマネーが流れこみやすく、投機的な動きをする印象です。遊びに行くには最高に魅力的なカリフォルニアやニューヨークも、残念ながら僕の投資対象には不向きでした。

3　自分にあったマーケットを求めて

人口が増加していて、ビジネスや投資に向いている場所はどこか

僕は投資すると決めて数か月で、早くも投資戦略の一部を変更しました。カリフォルニア州以外で投資をすることにしたのです。

全米の不動産市場を調べて、投資に適している州や市を探しました。もっとも大事だった基準は、雇用が増えていて、人口が伸びている場所だということ。雇用があるところに人が集まり、人口が伸び、住宅や商用不動産の需要も伸びる。そういう土地に投資すれば、テナント付けなど運営もしやすいしだろうし、エグジット時のキャピタルゲインも結果として取りやすいと考えました。

もう1つの条件が、法律がビジネスフレンドリーであることでした。残念ながらカリフォルニアはその逆で、不動産で言えば、家賃滞納者の立ち退きが難しかったり、レントコントロールがあり、決まり以上に家賃をあげることができなかったり、州税が高く収支を圧迫したりと、実は投資するにはハードルが高い州でもあるのです。

レントコントロールについては、投資家が適正価格まで賃料を上げられなければ、リノベなどへの出費も抑えることとなり、結果、物件が老朽化してボロボロになってしまいます。そうなるとその物件の魅力が下がるのでまた家賃が下がり、属性の悪いテナントがついてまた収益が悪化するという、負のスパイラルに入りやすくなります。

逆に、投資家がお金をかけてリノベをし、管理にも手間をかければ物件はピカピカとなり属性のよいテナントを引きつけ、物件価値がさらに上昇するというよい効果が見込めます。

人口の流れは、北から南の地域へとシフト

全米を調べた結果、人口の流れが北から南、いわゆるラストベルト地域やニューヨーク周辺の北東エリアからサンベルト地域へとシフトしている大きなトレンドがあると気づきました。また、この人口移動トレンドは向こう何十年も続くような大きな流れであるとも感じました。

ちなみにラストベルト（錆びれたベルト）はデトロイトなどがあるアメリカ中西部で自動車産業が盛んだった地域ですが、産業の衰退とともに街全体が衰退してしまっています。

一方、サンベルト地域への人口流入の理由としては、まず生活コストが比較的安いので生活水準を高くできる、温暖で過ごしやすい、州や市が税の優遇などで積極的に企業誘致をしている、州税がない、もしくは安い、ビジネスフレンドリーであるなどが挙げられると思います。

サンベルト地域で物件視察を繰り返す

このサンベルト地域の中でも比較的規模が大きく、ビジネスフレンドリーな街の雇用拡大と人口増加が堅調だとわかりました。具体的にはアリゾナ州フィネックス、コロラド州デンバー、テキサス州の主要都市（ダラス、ヒューストン、オースティン、サンアントニオ）、ジョージア州アトランタ、ノースカロライナ州シャーロット、フロリダ州タンパなどが魅力的でした。

僕はそのすべての街を訪れて、物件視察を繰り返しました。中でもテキサス州の人口増加が目立っており、一番魅力的に感じていました。テキサス州はちょうどアメリカの真ん中なので、航空会社のハブ空港があり、全米どこでも3時間程度のフライトで行ける好立地です。鉄道やトラックも全米や中米からも集まる中継点となっており、人や物が集まるインフラがすでに整っていました。

アジア諸国も魅力的なマーケット

僕は全米以外にも、その当時脚光を浴びていたアジア諸国にも目をつけていました。ネットや現地業者から情報収集し、ある程度マーケット状況を把握していましたが、一度も行ったことがない土地だったので、アジア・マーケット（香港、マカオ、ジュハイ（中国）、シンガポール、マレーシア）の視察にも行きました。

シンガポールではゴールドマンサックス東南アジア不動産担当者からのヒアリングなども行いました。特にマレーシア、インド、インドネシアなどは日本の経済成長期のような勢いで伸びていて、若々しく活気があり、とても魅力的なマーケットでした。

人口流入というよりは人口ピラミッドが綺麗な3角形をつくっていて、若い世代が多く人口が増えているという印象です。もちろんアジア諸国ですから会う方々もアジア人です。同じアジア人としてすんなり入り込める印象が強く、なんの違和感もありませんでした。もちろん食事もすごく口に合いましたし、とても住みやすそうだと感じました。

アメリカで色んな人種の方々とビジネスをする際、文化やバックグランドの違いで、微妙なニュアンスが理解できないなど、大なり小なり壁があります。また、食事も単調で、ステーキ、イタリアン、ハンバーガー、メキシカンのヘビロテです。

もちろんそれなりに美味しいのですが、飽きますし、健康管理も大変です。やっぱりアジア人である日本人は、お米が食べたくなります。

決断のとき。インカムゲイン投資を求め、新天地ダラスへ

これで狙っていた市場、すべての視察検討が終了し、いよいよ決断のときが来ました。アジア市

場の魅力は捨て難かったのですが、総合的に見て一番条件がよかったテキサス州ダラスへ移住することに決めました。

ダラスが魅力的だったのは、アメリカは先進国なので不動産ビジネスの法整備がどの国よりもしっかりと整っていることと、先進国でありながらアジア新興国を思わせるような都市開発がガンガン進んでいて勢いが物凄くあったこと、そして雇用と人口が全米トップクラスで伸びていたことです。本当にひと昔前のドバイを思わせるような近代都市開発が行われていて、そこら中でクレーンを目にしました。行くたびに建物が増え、街並みがみるみる変わっていく街の姿に、強いエネルギーを感じました。

アジアのような成長と、先進国の安定性の両方があるダラスは、不動産投資マーケットとしては、まさに夢のような土地だと思いました。すでにアメリカに長く住んでいたので、ビザの心配もいらないし、世界基軸通貨のドルでの投資というのもかなり大きな理由となりました。

逆にアジア諸国でネックになったのは、為替などを含めたカントリーリスクが先進国より高かったこと、アメリカほど不動産売買時の法整備が整っておらず、不透明感があったことなどがありました。国によってビザや永住権の取得条件もまちまちで、中には外国人が所有権を持てない国もありました。ゼロスタートからの僕にとっては、投資戦略が組み立てにくそうな点はリスクでした。

また、妻がシンガポール生活経験者で、熱帯モンスーン気候の東南アジアへの移住に消極的だったことも見送りの一因となりました。

また、ひたすら不動産投資クラブ通い

この決断から約2か月で、すぐにダラスへ移住しました。決めるまではできるだけ情報を集め選択肢の中で1番よいものを選びますが、決めればすぐ行動します。引越し前に手続を済ませておいた2ベットルームのアパートに入居し、1部屋をオフィスにして早速開業です。

今思うと、その当時からリモートで仕事をすることが多かったと思います。知り合いがいなかった僕はとりあえず、カリフォルニアで味をしめた不動産投資クラブにひたすら足を運びました。週3～4回のペースです。

カリフォルニア生活が長かったため、カリフォルニア、イコール、アメリカのような感覚になっていた僕は、テキサスの人達の考え方がとても新鮮に感じました。

まず、テキサスはアメリカの州となる前は独立国だったという強烈なバックボーンがあり、共和党最大の州でもあるので、民主党最大の州の1つであるカリフォルニアとは正反対です。

僕は北海道出身ですが、テキサスがすごく故郷に似ていると感じました。理由は北海道も少しの間、蝦夷という独立国だったことや、無限に広がる広大な土地があることです。北海道とテキサス州の形まで、なんだか似ているような気になってきます。色々と共通点が多くて、妙に親近感が芽生えました。今思うと、ダラスへ越した当時から、ネット会議用ソフトを頻繁に使うようになって、自宅でリモートワークをすることが多くなりました。もう8年以上も在宅・リモートワークをしている僕は、リモートワーク上級者なのかもしれません（笑）。

テキサスのスケールの大きさに魅了される

Everything is big in Texas（テキサスはなんでもデカイ）とアメリカ人でさえも言うのですが、本当になんでもデカイです。モールも道路も家も学校も教会もスーパーもとにかくデカイ。物理的だけではなく考え方もスケールがドでかく、細かいことをいちいち気にしないので、話していて気持ちがよかったです。

フィジカルにデカイところにいるから気持ちもデカイのか、気持ちがデカイからデカイものをつくるのか？　おそらく両方だと思いますが、僕にとっては、とても住みやすい場所だと思い、すぐにテキサスが好きなりました。

もう1つ新鮮だったのが、銃をほぼ全員が持っていて、銃の存在がとても身近だったことです。そのせいか、ある一定の緊張感みたいなものがあり、些細なことでは喧嘩をしませんし、礼儀正しい人が多い印象でした。多分、喧嘩をすると銃がチラつき、まさに命を張ることになるからだと思います。なんだか、剣を交えるときは命がけの武士っぽいですよね。

ダラスで初の物件を取得

投資クラブに通い始めたのと同時に、物件サーチも精力的に進めました。まずは物件視察を兼ねて毎日、車で150キロ程度走りまわり、ダラス全域の土地勘をつけました。引越をして2か月後には、ダラスでは初となる物件の買付け申請が通りました。その2か月後には無事クロージングし、めでたくダラス物件一号を取得したのでした。

個人資金で買える範囲で探し、手が届いたのが4室のアパートでした。物件が住んでいた場所から1時間くらいのロケーションだったので、自分で管理するのはハードルが高いと思い管理会社を雇いましたが、自分でできることはなるべく自分でやり経験値を上げていきました。

Make Ready（原状回復）ではキッチンキャビネットの塗装、穴の空いた壁の修復、照明器具や換気扇の交換、フェンスの修理などなんでもやりました。近くのスーパーに自分の携帯番号を入れたテナント募集広告の張り紙をし、自身でテナントの勧誘も行いました。

建築関係の知識や物件管理のスキルは必須

不動産投資では目標リターンを出すためには金利計算やプロフォーマ算出など数字がとても大事ですが、それと同じくらい大事なのが物件周りの知識だと思っています。

建設コスト、建材や設備の特性、リノベーションのデザインセンスやコスト見積もり、メンテナンスのコスト、各業者のマネジメント、そしてテナント管理や管理会社のマネジメントなど物件周りで必要な知識は多岐に渡ります。

これらすべてが、うまくかみ合って初めて収益物件として仕上がる訳なので、机上の空論で数字だけ見ていているようでは、なかなか目標達成は難しくなります。

繰り返しますが、物件収支分析に基づく、ビジネスプランやプロフォーマの作成、そして投資リターン分析はとても重要です。しかし、それだけではなく、建築関係の知識や物件管理のスキルがないと不動産投資家として1人前にはなれないというのが僕の持論です。

幸い僕の場合は勤め先が設備機器メーカーだったことや、副業で工事会社を起こし配管業者の資格を持っていたことが役立ちました。言うまでもなく、最初に買ったこの物件で経験値を上げられたことも、後々不動産投資を成功させるために重要な僕の武器となりました。

不動産投資はチームスポーツ

不動産投資はチームスポーツだとよく言いますが、案件をまとめるためには、強いチームをつくらなくてはいけません。自分の仕事はチームの監督です。そのチームをまとめ上げるのに重要になってくるのが、自分の経験と知識です。

野球の監督をするのに野球経験がなければできないですよね。それと同じで、初めにすべて一通り経験しておくと、後々マネジメントする際にとても役に立ちます。

メンバーが様々な局面で直面する状況を具体的に理解してあげることができますし、何か要望する際は、それが実行可能なのか、可能ならば、どれくらい大変なのかも理解して依頼することができます。

さて、チームをつくる際に主なメンバーとなるのが次の方々になります。

① 銀行/ローン・ブローカー ― 融資やリファイナンス

② 弁護士 ― 投資スキームに合わせた法人ストラクチャーや各契約書レビィー
③ 税理士 ― 税金戦略や実際の納税申告書類作成
④ 物件管理会社 ― 物件の運営
⑤ 工事会社 ― 工事全般
⑥ 不動産仲介業者 ― 優良物件情報からのソーシングやエグジットでの価値最大化

このようなチーム・メンバー（パートナー企業）を束ねて自分なりの不動産投資チームをつくるのです。

各部門で自分が求めるレベルの腕を持っているパートナー企業を探し、その企業と信頼関係を築き強いチームをつくり上げていきます。野球で言うと、ドラフト指名し、コーチをつけてスキルアップ、監督の腕でチームをまとめ上げるイメージです。

もちろん結果が残せなければ戦力外通知を出して、メンバー入れ替えです。これを繰り返してチームをブラッシュアップしていきます。

比較的規模の大きい不動産投資になると個人1人で成功させることはできません。強いチームが必須です。ゲームに勝てるか負けるか、これはチームの強さ次第です。

僕の場合は幸いにもサラリーマン時代にプロジェクト・マネジメントを任された経験があったので、プロジェクトのスケジュール管理やチームメンバーのモティベーション維持などのスキルが身についており、これが自分なりの強い不動産投資チームをつくるのにとても役立ちました。

マーケットに入るタイミング

ここでマーケットへ入るタイミングの話をしたいと思います。ダラスに引っ越した年はちょうど不動産市場がボトムを打って、回復の日差しが見えてきた頃でした。マーケットに入るにはとてもよいタイミングだったと思います。

インカムゲイン投資ではありますが、それでもマーケットに入るタイミングは重要です。いくら管理に手間をかけて賃料を上げてもマーケットが下がっていくとキャップレートが上がり、一時的に物件価値が下がる可能性があるからです。

超長期保有で、次の売りタイミングが来るまでマーケットサイクルを待てるのであれば問題ありません。投資としては成功します。しかし、投資家として資産形成を始めたばかりの段階だと、ある程度の規模まで、とにかく早く持って行きたいところです。投資結果を早く出せるのに越したことはありません。

マーケットサイクル

マーケットにはサイクルがあります。値上がり期、安定期、値下がり期、価格ボトム期の大きく4フェーズで回っていて、過去のトレンドを見ると大体8～10年でサイクルが一周します。

マーケットに入る最高のタイミングは価格ボトム期で、エグジットの最高のタイミングは価格が上がりきった安定期です（図表6）。

〔図表6　マーケットサイクル〕

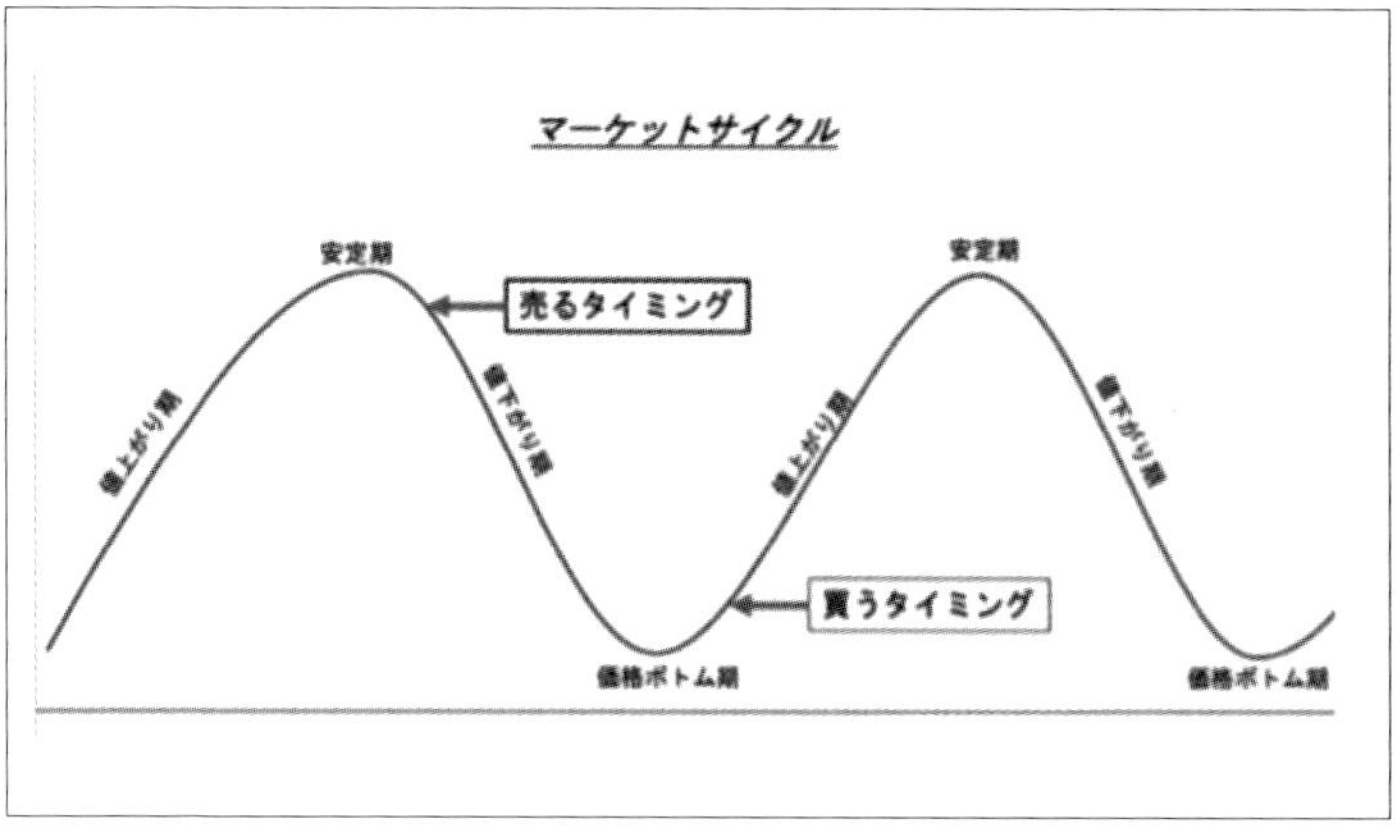

タイミングを完璧に予測することは難しいですが、値上がり期の最初の段階で入れば、しばらくは上がります。逆に値下がり期の初めで入ってしまうと、しばらく下がり続ける可能性があります。

それではどのようにマーケットサイクルの現在地を見極められるのか？

僕が使っている、いくつかのデータがあります。コースター、リアルページ、ヤーディーが米国マルチ・ファミリー（アパート物件）市場のあらゆるデータを公表しています。

特に参考にする重要なデータとしては、キャップレート、ユニット（1室）あたりの売買単価と価格上昇率、物件売買数、賃料と賃料上昇率、新築の需要と供給のバランスなどです。その傾向を見て不動産マーケットの流れを見ます。

同じ項目でも、全米データと投資している街のデータ両方を見て、全体トレンドと実際に投資しているマーケットのトレンドを確認し、分析します。

不動産は1サイクルが長く、8~10年

不動産以外のマクロトレンドは、米10年国債先物と株価も参考にします。特に米10年国債先物は、連動して不動産融資の金利が動きますので重要です。金利が上がれば不動産価格が下がり、金利が下がると不動産価格が上がります。

株に関してはNY株式市場ダウやS&P 500の平均指数を見て経済全体の状況を確認します。不動産はサイクルが8~10年とかなり長いので、株のように急激な変化は起こりません。市場の変化を感じてから実際に価格に影響が出るまで、数か月から1年くらいかかります。

その1つの理由として、売主が売ると決めてから、実際に仲介業者を選定し、マーケットへ出し、買い手がついてエスクローに入り、クロージングまでたどり着くのに、それくらいの期間がかかるからです。

前回のリーマンショクの際、株の価格がボトムを打ったのが、2009年でしたが、不動産市場がボトムを打ったのは約2年遅い、2011年でした。

このように動きが遅いため、指数の流れを追うことで不動産市場のトレンドは大体把握できます。ちなみにどのマーケットサイクルでも投資チャンスはあると思っています。ただ、マーケットサイクルに合わせて戦略は変えていく必要があります。

第4章

やってみてわかった！住宅フリップビジネス

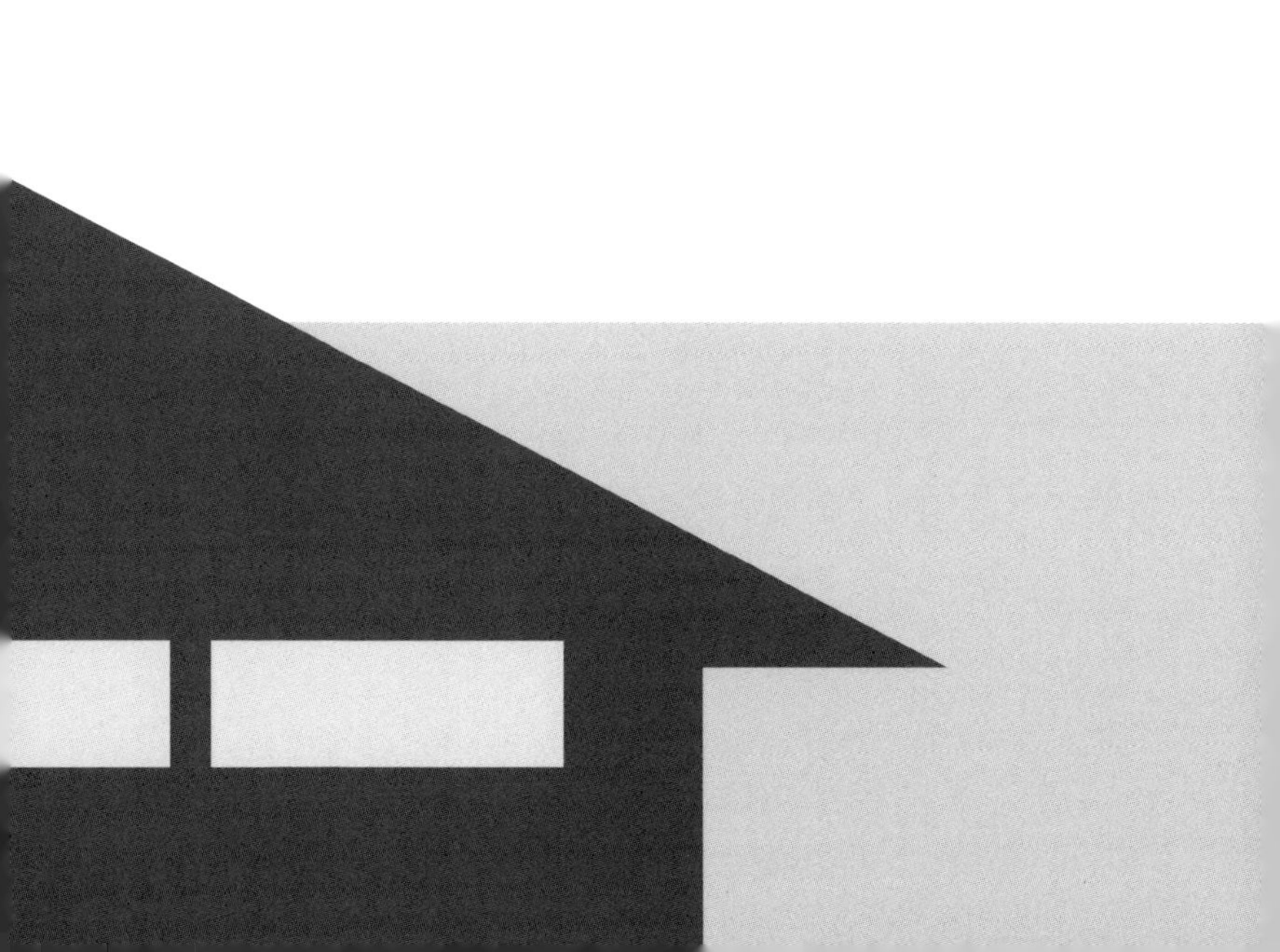

1　住宅フリップビジネスに挑戦

ハウス・フリッピングとは

ダラスに来て、不動産投資と同時に不動産ビジネスも準備を始めました。4室アパートを購入して落ち着いたので、ビジネスとして真っ先に思いついた、住宅のフリッピングをやってみることにしました。

ハウス・フリッピングを知っている方もいると思いますが、英語でフリップとはひっくり返すという意味です。ボロボロの家を買って、フルリノベーションをして付加価値をつけます。そして、それを3～6か月という短期間で転売（フリップ）するビジネスです。

アメリカでは住宅売買の約80％が中古住宅

アメリカでは中古住宅市場が成熟していて、住宅売買の約80％が中古住宅、新築はたったの20％程しかありません。そのため築100年以上経った家でも価格が下がらず、しっかりとリノベすると価格が下がるどころか、上がる場合がほとんどです。

ですからフリッピングビジネスは中古住宅市場を支える、とても大事な役割を果たしている業態の1つでもあるのです。

また、フリップすると、ボロボロの家が新築同然のように生まれ変わって、街の景観がよくなったり属性のよい方が入居したりと、その地域全体によい効果をもたらします。

アメリカでは、このフリッピングビジネスをテレビ番組で密着取材するリアリティーショーが流行っています。僕も番組のファンで、よく観ていました。番組の人気が出ると出演者がタレント化するほどです。

タレント化した出演者はそのブランド力を生かして、アパレルや雑貨ブランドを立ち上げたり、ホテル経営をしたりなど、かなりの人気ぶりです。アメリカ人はとにかく自分の家のＤＩＹが好きなので、ボロがピカピカに生まれ変わる家いじりを見るだけでも楽しいのだと思います。

それだけではなく、インテリア・デザインのトレンドを自分のＤＩＹの参考にできたりもします。またビジネス好きが多いので、1件のフリッピングでこんなに儲かった!　的なところも番組の面白いところなのでしょう。興味深い要素が詰まった視聴者のツボをついた番組だと思います。

フリッピングの収支面

続いて、フリッピングの収支面ですが、リノベ後想定価格の70%程度で物件を仕込み、10～15%ほどの改装費をかけてフルリノベーションをするのがザックリとしたイメージです。

転売益を15～20%くらい出すビジネスで、70万ドル（７０００万円）程度の物件を上手くこなせば、1回のフリップで10万ドル（１０００万円）以上利益を出せる可能性があります。

僕は規模の小さい20万ドル（２０００万円）程度の物件を試してみましたが、結果としては、当初予定していた利益の半分となりました。

これはフリッピングではアルアルで、僕の場合は予定していなかったエアコンの交換と屋根の張替えをする羽目となってしまい、リノベコストが嵩んだからです。

加えて、物凄く時間も使ってしまいました。僕の感想としては、時間に対するリターンがイメージからかなり離れていました。現実には30分テレビ番組のようにチョチョイのチョイッとはいかないですね。

もっと大きな物件をやれば利益は増えますが、当時そこまで資金的に余裕がなかったので、とりあえず同サイズの物件で続けてみました。

しかし、市場が上がり調子だったことに加え、テレビ番組を見て参入してくる人も増えたので、販売価格の70％で仕込める安い物件は、なかなか見つからなくなりました。

2　フリッピングの仕入

アメリカの住宅情報

アメリカ住宅不動産の物件情報はＭＬＳリスティングというデータベースにほぼ集約されているので、仲介ブローカーはＭＬＳに物件情報を上げて買主を探します。ＭＬＳは業者以外の一般の方もアクセスできるので、家を探している人はネットで簡単に物件情報を見ることができます。

このようにアメリカでは住宅に関しての情報が1箇所にまとめられているので、どの仲介業者を使っても同じ情報を取ることができて透明性もあり、すごく便利です。

フリッピング業者は、ホールセーラーから購入

ただ、フリッピングをしている、いわゆるプロの人たちは、とにかく安く仕込まなくてはいけないので、ＭＬＳリスティングに上がるエンドユーザー向け物件ではビジネスになりません。ボロであるほどよいのです。

そこで登場するのがホールセーラー（卸業者）と呼ばれる人達です。彼らはＭＬＳに乗らないOff Market 物件を探し出し、フリッピング業者へ転売します。

ホールセーラーの物件の見つけ方

その手法は様々ですが、主にマーケティングによって見つけ出してきます。

離婚騒動中の家、家主に不幸があった家の家族、固定資産税滞納者などにコンタクトを取って、ボロでも修理なしの現状で買い取ります！　とか、その場で即決、売買契約にサインします！　といった仲介業者ができないようなオファーを出して交渉します。実際には、買い取るのではなく売買契約書にサインをして、物件を抑えて、クロージング（決済）前にその契約書をフリッピング業

者へ転売するのです。

僕もフリッピング物件はホールセーラーから仕込んでいました。ホールセーラーはいわばマーケティング会社ですので、物件には手を触れず、５０００ドル（50万円）から1万ドル（１００万円）の手数料を乗せて契約書をフリッピング業者へ転売します。フリッピング業者より実入りは少ないですが、物件購入資金がなくても開業できてリスクが低いので、数をこなすことができれば悪くないビジネスなのです。

仕入こそがビジネスの重要な決め手

フリッピング業者はよい物件を見つけたらすぐに購入しないといけません。ＭＬＳに乗らないホールセーラー（卸業者）価格の物件は、フリッピング業者たちが指をくわえて待っていますので、情報が出ると即日決まってしまいます。よい物件（安い物件）を仕込むのは本当に大変で、競争が物凄く激しかったです。

リノベ後の転売価格はマーケットが決めるので上限が決まっています。よって、仕入れた時点で利益がほぼ決まります。そうなると仕入こそがビジネスの重要な決め手です。ビジネスの基本「仕入に利あり」とはこのことでしょう。フリッピングビジネスは家を売る「物販」ビジネスです。しかし、在庫を抱える必要がなく、在庫管理や出荷業務なども不要です。古典的なビジネスではありますが、オペレーション効率はよいと思います。

即日購入の秘訣は個人レンダー

ではどのように何十万ドル（何千万円）もする物件を即日購入できるのでしょうか？　もちろん普通の銀行で融資を頼んでいては間に合いません。銀行だと住宅用融資決定に最短でも1～2週間かかります。

そこで登場するのが、Private Money Lender（個人でローンを提供している人）です。個人でフリッピングビジネスに特化した銀行業をやっているのです。

金利は10～12％と高いですが、フリッピングビジネス向けなので、フリップ業者には強い味方です。彼らは物件価格が妥当であれば、購入価格の80％までの融資を即日決定してくれます。僕もPrivate Money Lenderから購入資金を引いていました。

なので、フリッピング向けのよい物件を見つけたときは、即日買付けオファーを出していました。そうでもしないと物件を仕込めない、本当に競争の激しいレッドオーシャン・ビジネスでした。よさそうな物件だけど、帰ってもう一度数字を見直してみよう、なんてやっていたら、翌日には物件はなくなってしまうのです。

また、Private Money Lenderは個人ですので、彼らに気に入ってもらい信頼関係を築ければ、融通をきかせてもらうことも可能です。関係を深める中で、融資判断の基準を緩めてもらったり、金利を少し下げてもらったりすれば、物件取得確率アップや、コスト削減につながります。そうやって、競争に勝つために努力をするわけです。

3　フリッピングビジネスのヒエラルキー

フリッピングビジネスのトラブル

次第に、フリッピングビジネスにはヒエラルキーがあることがわかってきました。

まず、お金がなくても時間とやる気がある若手ルーキーが、ホールセーラーとして参入します。ホールセーラーは資金がなくても物件を探す時間と努力があればできるので、まずはここを不動産ビジネスの入り口として始めるのです。

しばらくして5万ドル（500万円）程度資金が貯まると、その資金を元に20万ドル（2000万円）程度の物件のフリッピングを始める人達が出て来ます。1件の案件で得られる利益が4倍くらいにアップするので、いわばステップアップとなるのです。

フリッピングはヒエラルキーの中では、テレビ番組になるほど目立っているので、花形のように思います。しかし、テレビ番組のようには行かないのがビジネスです。

先ほど述べたように、実際にやってみると思った以上に大変なビジネスです。工事会社のコントロールなども大変で、工事の保証はトラックが現場を出て、右に曲がった時点で無効になるという冗談があるくらいです。トラブルが発生するとバタバタしますし、そのたびに利益が削れます。ストレスも多く、時間もかかる仕事です。

最終的に行き着くのが Private Money Lender

そこで、フリッピングで資金を貯めて、最終的に行き着くのが Private Money Lender です。フリッピング経験者なので物件とリノベーション費用を見ればフリッピングとして成立する物件かどうかは、すぐに判断できます。物件を見て、妥当な利益が出ると判断したら、その物件を担保に即決で融資を決めることができます。

万が一、フリッピング業者がローン返済不能に陥っても、物件を差し押さえて自分でリノベーションを終わらせて転売してしまえばよいので、リスクも限定的です。使う時間は融資の際の審査のみで、融資が終わるとやることがないので楽チンです。

金利10～12％と聞いて、鋭い方はお気づきかと思いますが、フリッピング業者の利益の３分の１ほどを取ってしまっています。フリッピング業者としては、誰のためにやっているのかわからなくなりますよね。

それでも自分の資金だけでできなければ、Private Money Lender を頼るしかありません。仮に自身で1件だけできる資金があったとしても、Private Money Lender は購入価格の80％まで融資してくれるので、それを使えば5倍の物件を同時にこなすことができます。

ビジネスとしては1件ずつやっていては成り立ちません。高金利融資を受けてでも5件同時にこなしたほうが1件ずつやるのに比べて、トータルの利益としては3倍以上になるので、やはりフリッピング業者としては必要なパートナーとなって来ます。

フリッピングヒエラルキーの次のステップは

ここがフリッピングのヒエラルキーでは頂点ですが、不動産のヒエラルキーは、まだまだあります。

フリッピングやPrivate Money Lenderで成功して資金を貯めた人達の次のステップとして考えられるオプションの1つに、マルチ・ファミリー（1棟マンション）物件を含めた商用不動産への参入があります。

実は、住宅不動産と商用不動産には物凄い壁があります。使う用語や商習慣もかなり違います。また、パートナーとなる銀行、弁護士、仲介業者、工事会社、エスクロー会社など関わってくる業者も変わってきます。

要するにゲームのルールが違うわけなので、ルールを学びなおし、チームを1から構築しなくていけないのです。言うまでもなく、ある程度まとまった投資資金も必要となって来ます。

商用不動産の利益は、住宅不動産とはケタ違い

このように大きな壁はありますが、商用不動産となると取り扱う物件規模が大きくなるので、住宅物件とはケタ違いに利益も上がってきます。大きく利益を上げられるとなるとフリッピングやPrivate Money Lenderなど住宅不動産で成功した人達が、ステップアップとして商用不動産に入りたいと考えるのも理解できると思います。

フリッピングをしていた関係で住宅不動産に従事している知り合いも多くいたので、住宅不動産で成功して商用不動産に参入するのだと言っていた業者や投資家に、たくさん出会ってきました。

しかし、住宅から商用へのシフトの壁は高く、ゲームのルールを学び直すのには相当な根気が必要です。根気よく時間をかけてでも住宅から商用不動産へ参入してくる業者や投資家は、結局少数に限られてくるのが現状だと思います。

僕の場合は、投資は商用不動産でやりたいと思っていたので、住宅フリッピングは不動産ビジネスと割り切り、ビジネスでつくった投資原資で商用不動産投資するために準備を進めていました。

不動産ライセンス（宅建）取得にチャレンジ

話が少し前後しますが、自身で商用不動産の投資を始めた後、ふとしたキッカケで不動産ライセンス（宅建）を取ってみようと考え始めました。仲介業をやるつもりはなかったのですが、ライセンスがあればブローカーを通さずに自分の投資物件の売買ができるし、何らの形で自身の投資活動にプラスになるのではと思ったからです。

ライセンスを取ると決まれば、すぐに授業料が安いオンラインのクラスを見つけて勉強を始めました。オンラインなので時間の制限がなく、いつでも受講できるのは魅力的でした。空き時間をほぼ勉強にあて、数か月でコースを終了、試験も運よく一発合格できましたので、取得を決めてから4～5か月というスピードでライセンスを手にできました。

このライセンスを取得したタイミングで、たまたま日系の海外不動産投資コンサルティング会社がダラスに進出するとの噂を耳にしました。偶然にもダラスの責任者となる人は、僕が不動産投資をしていることを以前から知っていました。これもご縁だと思いますが、その方から、うちの会社にライセンスの籍を置かないかと声をかけていただいたのです。

商用不動産の仲介業者をやってみた

仲介業をやるつもりがなかった僕は、マーケット分析と不動産ビジネスの見直しをするよいきっかけとなりました。

マーケット的には商用不動産投資の知識に精通している日本人ブローカーがテキサス州にほとんどいないので、日本人向け商用不動産投資コンサルティング・仲介業はブルーオーシャンだと確信できました。

また、フリッピングは競争が激しすぎて数がこなせなくなっていたので、投資もビジネスも商用不動産に絞り込めれば、業務効率がさらに上がるのもプラスでした。

これはやらない手はないと思い、始めてみることにしました。結局、マルチ・ファミリー（アパート）、リテール（店舗）など商用不動産専門でスタートして、数年の間に１００ミリオン（１００億円）近くのアセット売買をお手伝いさせていただきました。

このようにしてブローカー業が僕の不動産ビジネスとなったのです。

第5章

アメリカ商用不動産ビジネスの世界

1　商用不動産へシフト

あることからピンときた

ダラスで最初に取得したのは、小規模な4世帯アパートでした。しかし、この物件を運営していく中で、すぐに気づいたことがありました。それは目標と定めている数字を達成するためには、かなりの自己資金と時間がかかるということです。

コツコツと積んでいけば達成は可能かもしれませんが、僕はもっと早く伸ばす方法を探り始めました。そんなときにダウンタウンのビルを低価格で買収してリノベーションを実施し、テナント付をした後に、高額で売却したという話を、ある不動産仲間から聞きました。

10ミリオン（10億円）で買って、14ミリオン（14億円）程度のエグジットで、1ミリオン（1億円）程度の改装費を引いた後の純利益が3ミリオン（3億円）程だったと記憶しています。

その話を聞く前は、商用不動産物件は自分には手の届かない存在で、どのような投資戦略でやっているのか知る由もありませんでした。でも、この話を聞いてピンときました。あれ、商用不動産も住宅のフリッピングと一緒だな、と思ったのです。

建物が大きく、価格も桁違いだけど、今まで培ってきた知識でロジックは理解できることがわかった瞬間です。

商用不動産シフトへの準備

金額が大きいし、夢があるので、自分の投資も商用不動産にシフトしたいと思い始めました。そうしたら、やることは決まっています。お決まりのセミナーと本で知識を詰め込むのです（笑）。

商用不動産に関するセミナーは住宅不動産に比べて圧倒的に数が少ないのですが、探し続けるといくつかグループがあることを知りました。

一番多かったのが、マルチ・ファミリー（1棟マンション）投資に関するものでした。おそらく戸建住宅投資をしている人にとっては、同じ個人住宅の賃貸なのでイメージがつきやすいからです。

その他にはホテル、セルフ・ストレージ（個人むけ倉庫）、シニア・ハウジング（高齢者向け住宅施設）、モービルホーム・パーク（移動式住宅を設置できる広場）、リテール（店舗向けモール）、緊急病院などがありました。

ここで簡単にいくつか商用不動産で代表的なアセットクラス投資に関して書いてみようと思います。

2　商用不動産の種類を検討

【ホテル投資】

ホテルはかなり検討しました。実際にいくつかオファーも入れて買う気満々でした。一番惹かれたのが、キャッシュフローです。利回りが他のアセットクラスよりダントツで高かったのです。上手くやれば相当利益が出ます。

ホテル投資のプレイヤーの80％はインド人！

実はアメリカのホテルオーナーは80％以上がインド人と言われています。インド人はパテルという苗字の方が多いのですが、ホテル融資の申請で、申請者名をパテルと書けば融資が降りるという冗談があるくらいです（笑）。

アメリカ・ホテル業界にはホテルオーナー団体があるのですが、その名がアジアン・アメリカン・ホテルオーナーズ・アソシエーションです。実は僕はそのカンファレンスにも参加したことがあります。ヒルトン、マリオット、ハイアットなどの大手ホテルグループもフランチャイズ加盟店探しにブース出展しており、ゲストスピーカーにシャークタンクのケビン・オラリー氏が登場するなどかなり大きなイベントです。

参加者1万人近くの会場に初めて行ったときに驚いたのが、参加者がほぼ全員インド人だったことです。

ホテル業界ではオペレーションの経験と知識が不可欠

そこで情報収集をするのですが、やはりホテル業界にも猛者たちが溢れていて、オペレーションの経験と知識がないと、安易に参入できるものではないと悟りました。

利回りはあくまでも予測で、実際はオペレーション（運営）の質によって大きく数字は振れてしまいます。そして、景気にとても左右されやすいので、マーケットに入るタイミングを間違えると大変です。

経済が下降局面では、まず旅行者が大幅に減ります。そうですよね、まず節約するのは旅行などの贅沢出費です。企業もコストカットで出張費を抑え始めるので、ビジネス客も減ってしまいます。こうなるとホテルは相当厳しくなります。

逆に下がりきった時期に購入すればアップサイドが大きくなりますので、投資戦略がハマれば面白いアセットです。検討当時はまだ商用不動産投資の経験がない中で、いきなり難易度が高いホスピタリティーに飛び込んでもリスクが高いと感じて、ホテル投資は一旦保留としました。

しかし、僕は今でもホスピタリティー不動産への参入を画策しています。ホテル投資ができる条件がまとまるタイミングが来れば、このプロセスで学んだホテル投資の知識が役立つと思っています。

【リテール（店舗モール）投資】

その次に興味が湧いたのが、リテールです。特にリテールで魅力的だったのが、ＮＮＮ（トリプル・ネット）とよばれる仕組みで、要は、テナントが固定資産税、火災保険、修繕費を負担するリース契約です。

テナント運営は不労所得に近い

固定資産税と火災保険は年々上がりますが、テナント負担です。そしてメンテナンスや修繕もテナントの責任となるので、勝手に直してもらえます。

リテールは5年リースが主流なので、一度テナントが入居すると、ランドロード（大家）はほぼ何もせず家賃収入を得ることができます。まさに不労所得となる訳で、とても魅力的です。

マクドナルドは実は不動産投資会社

聞いたことがあるかもしれませんが、マクドナルドは実はフランチャイズ加盟店のランドロード（大家）をやっている不動産投資会社と言われています。

数年前に発表された洋画『ファンダー　ハンバーガー帝国の秘密』でそのことが描かれていますが、創業当時、店舗拡大のために銀行からの融資が必要だったのですが、担保とする資産がなく困っていました。

そこで店舗不動産を借りるのではなく取得してしまい、その不動産を担保に融資を引くことを思いついたのが、マクドナルドのビジネス拡大の起爆剤となったのです。

現在米国マックの不動産資産は30ビリオン（3兆円）と言われており、その不動産収入は4・5ビリオン（4500億円）で、本業であるフランチャイズ加盟店からのロイヤリティー収入のほぼ2倍。加盟店からすると、この家賃負担は店舗収入の22％を占めています。ものすごくよくできたビジネスモデルです。

リテールは経済状況に左右されやすい

話がマックにそれてしまいましたが、逆にリテール（店舗モール）で大変なのは経済状況に左右されやすい点、空きが出たときの負担が大きい点の２つがあります。

経済に左右されやすいのは想像がつきやすいと思います。景気が悪化すると皆さん財布の紐を締めますよね。そうすると、マクドナルドなど低価格レストランや激安量販店、食品スーパー以外の、ちょっと高めのレストランでの食事や、雑貨、洋服などの小売店での出費を控えます。

それが長く続くと、体力のない個人店などは閉店に追い込まれてしまいます。また、最近ではアマゾンなどネット販売が急拡大しているので、大手量販店でさえ経営が厳しくなっているところがあります。

深刻なコロナの影響

また、コロナ禍の影響で、レストランやバーなどは大打撃を受けています。飲食のデリバリーが盛んになってくると、レストランも業態をダイニングからデリバリーへ切り替えたりしています。

そうすると人通りの多い家賃の高い店舗でなくても、オフィス街や倉庫街など家賃が安いところでキッチンだけ持つ、なんていう形態のレストランも出てきています。

このコロナ禍の状況下では接触を避けられるドライブスルー店が流行っていますが、逆にそういったお店ではドライブスルーの列を増設する店舗なども出てきています。

ランドロード（大家）としては、不幸にも経営不振で閉店してしまうお店が出てくると、いくら5年契約リースであったとしても、途中解約となるケースが多々あるのです。全米チェーン店で本社がリース保証していれば、本社負担で継続家賃支払いをしてくれますが、個人店でバックがないお店の場合はまず途中解約となるでしょう。

テナントは空室コストが高い

一度店舗が空いてしまうと、次のテナントを入れるまでコストがかなりかかります。約1年分の家賃収入が飛んだと思ってよいくらいです。まず、テナント探しから始まり、リース交渉も時間がかかります。そして何と言っても、内装工事代の一部をランドロード（大家）が負担する場合が多いので、そこでまたコストがかかります。

やっとリース契約をしても最初の数か月は内装工事期間で家賃を無料にするだとか、無料家賃期間もありますので、諸々含めると1年分くらいの家賃は飛びます。

そうなると想定していたキャップレート（利回り）は当然出ませんので、そのような場合も想定し、資金的にも余裕を持ってやらなければいけないのがリテールだと思います。

もちろん、リテール投資で大成功を収めている投資家もたくさん知っています。

店舗の空室ロスを余裕でカバーできるほどの投資規模がある場合や、そう簡単に潰れない大手テナントが入っている物件、オンラインに切り替わらない業態のテナント（スパ、サロン、ドライブスルー・レストランなど）が入っている物件など、成功させるポイントは沢山あります。

ただ、資金力がなく未経験者がいきなり手を出すにはレベルが高いと思い、リテール投資も一旦保留としました。

【マルチ・ファミリー（1棟マンション）投資】

商用不動産で1番オペレーションのイメージをしやすいのはやはりマルチ・ファミリー（1棟マンション）です。セミナーに数回行ってみましたが、すんなりと頭の中で参入できるイメージが湧きました。それはそうです、何と言ってもすでに4世帯ではありますが、小さなアパートのオーナーだったからです（笑）。

3　商用不動産の醍醐味はバリューアップにあり

キャップレートと資産価値を計算する

よし、ホテルやリテールは将来の楽しみに取っておき、マルチ・ファミリー（1棟マンション）投資をしようと決めました。特に最初の物件は絶対失敗できません。そこで、マルチ・ファミリー投資についてもう一度じっくり勉強し直すことにしました。

まず、利回りの計算について、おさらいと確認をしてみましょう。

アメリカには日本のような「表面利回り」という概念はありません。キャップレートの計算は、NOI（ネット・オペレーティング・インカム）を使います。

NOIとは、収入から経費を引いたものです。まず収入は100％の家賃収入から賃料未回収、空室ロス、割引などをさし引いた純収入と、家賃収入以外の収入を含めます。家賃以外の収入はコインランドリー、車庫、倉庫、Wi-Fi使用料、延滞料、ペット家賃、光熱費テナント負担などが入ります。

経費のほうは、管理に必要なすべての費用を含みます。光熱費、修繕費、外注サービス費、人件費、広告費、固定資産税、火災保険、管理費などです。ここでNOIに入らないのはローン返済ですので注意してください。

この収入すべてから支出を引いたものがNOIとなり、商用不動産はすべてこのNOIからキャップレートを出しています。NOIを購入価格で割り算したのがキャップレートとなります。日本の実質利回りと似ています。

安定稼働物件のキャップレート全米平均

ここでお気づきかと思いますが、NOIは修繕費や空室ロスも含めての数字なので限りなく現実に近い数字となっています。ちなみに安定稼働物件のキャップレート全米平均は次のようになります。

（２０１９下期 CBRE 調べ）

・マルチ・ファミリー　５・３７％
・ホテル　７・９９％
・リテール　７・４７％
・オフィス　７・８０％
・インダストリー（倉庫）６・１３％

ホテル、リテール、オフィスのキャップレートは高く、マルチ・ファミリーが低いのがわかりますね。現金で買えば購入価格に対して右記のリターンが出るということです。ここで注意が必要なのが、融資の条件により、実際の Cash on Cash Return（投資額に対してのリターン）が大きく変わるので、キャップレートだけで購入判断をするのは危険だということです。

キャップレートが６％でも Cash on Cash（キャッシュフロー・ベース）では10％以上出る物件も沢山あります。要は融資額、金利を含めてキャッシュフローで物件の検討が必要です。

キャップレートから逆算する、売却時やリノベーションのリターン計算

キャップレートはいわば、マーケット価格ですので、売却時の目安にも使います。マーケット価格が上がるとキャップレートが下がります。

例えば、キャップレート10％で1ミリオン（1億円）の物件を買いました。NOIは10万ドル（1000万円）ですよね。マーケットが好転してキャップレートが8％になったとします。NOIが一緒であれば、売却価格は「NOI/キャップレート」で1・25ミリオン（1億2500万円）となります。

キャップレートはリノベーションの投資リターン計算にも使えます。例えば、カーポートを30台分設置したとします。設置コストが3万ドル（300万円）かかりました。使用料を1台につき月50ドル（5000円）とした場合の年間収入は次のようになります。

$50 × 30台× 12か月＝ $18,000（180万円）

収入だけ見ても、1・6年で設置コスト（投資額）が回収できますが、収入が増えたのでNOIが上がっています。

仮にキャップレートが5％だとすると、$18,000/5％ですので資産価値が36万ドル（3600万円）も上がったこととなります。1200％のリターンです！ これがValue-Add（バリューアップ）です。

Forced Appreciation（物件価値の創出）が商用不動産の醍醐味

こんなにリターンが出る投資は、他では中々ないですよね。

戸建住宅不動産の場合は近所の同等物件と比較して価格がつきますので、仮に賃貸物件で家賃が上がっても物件価値は上がりませんが、商用不動産は物件の収益で価格が決まるので、考えようによれば、箱付きのビジネスを買っているとも言えます。

このValue-Add（バリューアップ）投資が商用不動産投資の最大の醍醐味の1つだと思います。これをForced Appreciation（物件価値の創出）と言います。マーケットに頼らなくとも、物件オーナーの努力で物件価値を上げることができるということです。

4　収支を上げる方法

実は、マルチ・ファミリーには沢山収支アップのネタがあるのです。まずは、リノベーションによる賃料アップです。これは住宅フリッピングと似ています。

リノベーションで資産価値も上がる

築年数が経ち内装がくたびれてしまっていたり、デザインが古くさかったりする物件でも、1室あたり5000ドル〜1万ドル（50万円〜100万円）の費用でピカピカにフルリノベーションできます。

マーケットにもよりますが、リノベーション後は賃料を100〜200ドルアップすることができます。

例えば１００室のマルチ・ファミリー（1棟マンション）で賃料が１００ドル上がると、$100×１００室×12か月＝$120,000となり、１２００万円も収支が上がります。

仮にキャップレートが5％とすると、資産価値が2・4ミリオン（2億４０００万円）上がったこととなります。すごい額ですがマルチ・ファミリー投資では一般的な数字です。

その他は、先ほど述べたように、カーポートを設置したり、Wi-Fiサービスを物件全室分バルク契約して各室へ使用料を設定したり、光熱費が物件支払いの場合は、各室に請求することもできます。室内に洗濯機設置用の配管が既にあれば、洗濯機をレンタルしたり、アマゾンロッカーを設置したりして使用料を設定することもできます。

木製フェンスを設置してパティオ・スペースを確保すれば、プライベート・パティオ付きの部屋として追加料金を設定することなどもできます。

アミティーの充実でワンランク上の物件に

このようなValue-Add（バリューアップ）を成功させるコツは、室内のリノベーションだけではなく、共用スペースであるリーシング・オフィス、ジム、プール、クラブハウスなどにもリノベーション費用をかけることです。

アミニティーを充実させワンランク上の物件に仕上げることができれば、室内リノベーションでの賃料アップやサービス向上による使用料金の設定もできるのです。このような手法をリポジショニングとよびます。

補足ですが、物件はＡ、Ｂ、Ｃとランク分けされています。Ａクラスが新築〜築20年ほど、Ｂクラスが築20〜40年程度、Ｃクラスは築40年以上が目安です。

その他に、物件設備のコンディション、リノベーションがされているか、ロケーションはどうか、などのすべての条件を総合し総合点でＡ〜Ｃにランク分けされます。

例えば、ロケーションが比較的よくＢクラスとなりうるが、物件コンディティンがよくないのでＣクラスとされている物件を仕込み、フルリノベーションをして、Ｂクラス物件に仕上げるようなことをするわけです。

ポジションをＣクラスからＢクラスに変えるという意味で、リポジショニングといいます。リポジショニングすると、物件の魅力が上がり属性のよいテナントを惹きつけます。アミティーが充実し、内装も綺麗になれば、賃料やその他使用料が上がっても、それは妥当な価格となります。

このようにして、テナントへよりよい居住空間を提供できるのです。僕の投資はほとんどが、このリポジション戦略をとっています。

経費を下げる方法

当たり前ですが、経費が下がればＮＯＩが上がるので、収入を上げるのと同じく重要なのが、経費を下げることです。これもできることが沢山あります。

・運営スタッフの雇用

100室ほどのマルチ・ファミリー（1棟マンション）だと、リーシング・オフィスがあり、常駐のリーシング・マネージャーとメンテナンス・マネジャーを雇うこととなります。

物件運営が上手くいくかどうかは、このスタッフ達のパフォーマンスが大きく影響します。スタッフ達とどれくらいコミュケーションを取って、彼らに気持ちよく仕事してもらえるかで経費も変わってきます。

離職率が高くなれば、新スタッフの研修などのコストもかさみますので、まずはよいチームづくりが大切です。

・上下水道のカット

上下水道代も大きなコストです。最近性能が上がってきた節水型のトイレやシャワーに切り替えると、水道代が30％程カットできる場合があるので、必ずチェックするとよいと思います。

光熱費はLEDライトに変更するだけでも結構抑えられます。エアコンやヒーター設備は交換時期であれば高効率の新モデルと交換しますが、使えるのであれば寿命が来るまで使い潰します。こういった設備の交換は高額なので高効率モデルで得られる光熱費削減では元が取れない場合が多いです。

・固定資産税のコントロール

もう１つ大きいのが、固定資産税です。一見コントロールできないと思いがちですが、実は管轄カウンティー（郡）に対してProtest（減税申請）ができるのです。

これは毎年やる必要があります。固定資産税は経費の中でも大きいので、Protest（減税申請）はＮＯＩに大きく貢献してくれるはずです。

・火災保険やその他外注業者との契約交渉

火災保険やその他外注業者との契約交渉も必ずやる必要があります。全体的に経費削減は地味な仕事ではありますが、大変重要です。

１つ気をつけたいのが、経費削減を現場スタッフのボーナス指標としては使わないことです。現場スタッフにはあくまで収入アップに注力してもらい、ボーナスも収入アップに対して支払うべきです。もし経費削減を評価基準に入れてしまうと、ボーナス欲しさに必要最低限の支出も抑えるようになり、管理状況の悪化につながる可能性があるからです。

経費削減はＰＭ（管理会社）のマネージャークラスとＡＭ（アセット・マネジメント）が目を光らせて管理するべきと思っています。

5　マルチ・ファミリーは管理がしやすい

リテール投資で店舗の空きが出た際のコストの話をしましたが、オフィスなども同じで大きな費用がかかります。その点、マルチ・ファミリーの場合は、空室が出ても次の入居付けはとても簡単です。

テキサス州ではテナントの強制立ち退きが可能

まず、テキサス州はランドロード（大家）に優しい州ですから、もし家賃の滞納があった場合、最短21日間でテナントの強制立退きをすることができます。

アメリカには本当に多種多様な人たちがいます。立退きなんて酷いと思うかもしれませんが、ルールを利用して意図的に未払いで住み込んだりする人もいるので、ビジネスとしてしっかりケジメを持って対応するのが大切です。

例えば、その月家賃未払いが発生したら、同月の21日には立退きさせることができるので、翌月の頭には新しいテナントを入れることが可能です。そうするとロスは1か月で抑えることができるので、ダメージは最小です。さらに言うとＮＯＩには、このロスも計算済みですので予定通りのキャップレートで回すことが容易にできるのです。

テキサスの主要都市ですと、最低でも稼働率90％、平均95％程度の稼働率で回っています。もし理由もなく稼働率が90％を切っているならば何か管理体制に原因があると思うので、問題が大きくなる前に対処することが必要だと思います。

景気の動向に影響されにくい

また、リテール、オフィス、ホテルなどは、経済動向に左右されやすく、景気の影響で空きがでた場合、収支がガクンと下がって想定キャップが出ないケースがあるのに比べて、マルチ・ファミリーは景気動向にあまり影響を受けず、どのような経済状況下でも稼働率を安定させやすいアセットです。今回のコロナ禍でもさほど影響を受けませんでした。

私個人としては特にＢクラスは景気の影響を受けにくいと考えています。景気がよいときは、もちろん需要は堅調ですし、ＣクラスからＢクラス物件へアップグレードしてくるテナントも出てきます。景気後退時期も、ホームレスにならない限り、生きていく上で家が必要ですので需要がなくなることはありません。

また、Ａクラスに住んでいたテナントが節約のためＢクラスへ降りてくる場合があるので、Ｂクラスはそのようなダウングレードの受け皿的な役割もします。

Ｂクラスの真ん中で上と下に挟まれているので、マルチ・ファミリーの中でも、特にバリヤーが厚い印象なのです。

数の強みで稼働率を安定化

また、リテールに比べマルチ・ファミリーはテナント数が多いのも強みです。

例えば、10店舗しかないリテールで1店舗空室ロスを出しただけでも、稼働率が10％下がってしまうのに対し、１００室のマルチ・ファミリーで1室空室が出ても、稼働率への影響は1％です。

このような理由から、マルチ・ファミリーは投資家や融資先の銀行からも安定稼働させやすい、安全なアセットとして見られているので人気があり、キャップレートが他のアセットクラスに比べ低いのだと思います。

6　プロパティー・マネージメント（物件管理）

物件の管理について説明します。大型物件の場合は、プロパティー・マネージメント（ＰＭ）会社を雇うのが一般的です。

クラスに合った管理会社を選択

一言でプロパティー・マネージメント会社といっても、実はとても細分化されており、Ａクラスが得意な会社、Ｃクラスが得意な会社、60室以下の小型も取り扱ってくれる会社、１００室以上の大型から取り扱う会社などに分かれています。

まず、自分が所有している物件クラス、そしてリポジショニングするのであれば、リポジショニング後の物件クラスからプロパティー・マネージメント会社を選定するのがとても重要です。

Ａクラスとクラスではテナント属性がかなり異なり、テナントが求める内装のクオリティーやサービスの内容も変わってきます。そんな中、Ｃクラスを得意とする会社へＡクラスを任せてしまうと、サービスが悪いと思われてテナントが出て行ってしまい、あっという間に稼働率が80％にまで下がっていた、なんてこともよくあります。

１００室以下の物件は小型扱い。60室以下は運営の難易度がＵＰ

テキサス州やその他サンベルト地域のほとんどのエリアでは、１００室以下の物件は小型と見なされます。60室を切ってしまうとリーシング・オフィスを構えることもできず、常駐のスタッフさえ雇えなくなりますので、管理の難易度が上がってきます。そのため、多くのプロパティー・マネージメント会社は１００室以下の物件を敬遠しがちです。

逆にある特定のエリアであれば、小型物件でも管理するプロパティー・マネージメント会社もあります。例えば、街の中心部で小型物件が多く存在するエリアに特化して小型物件を管理している会社などがそうです。エリアを限定することによって、管理効率を上げることができるからです。

僕はなるべく、１００室以上の物件に絞って投資をするよう心掛けています。

また、Ｂクラスを中心に投資をしています。そうすることによって、プロパティー・マネージメント会社を絞り、その分手数料の交渉を有利にしたり、リノベーションのパターンをテンプレート化して効率を上げたりして、運営全体の効率を上げることができるからです。

60室以下でフル・タイムのスタッフが雇えない物件は、特にやらないようにしています。室数が少ないと空室ロスが出た際の稼働率のインパクトも大きいですし、90％以上で回すのが難しくなるためです。

7　日本人の仲間とシンディケーション（投資ファンド）投資をスタート

マルチ・ファミリーの購入

このような考えから、１００室程度のマルチ・ファミリーを購入しようと検討を始めました。当然、僕個人の投資資金では、到底手が届きません。

アメリカの不動産投資家がよく言う言葉に、Find great deal, then money will follow（よい物件を見つければお金はついてくる）とか、Don't have money is a weak excuse（お金がないから投資ができないとは、情けない言い訳だ）などがあります。

何を言いたいかというと、大きなリターンが見込める物件を投資家達は探しています。投資したくてウズウズしているのです。なので、そのような物件を探し出してくれれば、投資をしたい投資家（お金）は簡単に見つかるのだということです。

投資はチームスポーツです。投資資金が足りなければ、投資家が集まってチームをつくり買えばよいのだと考えて、僕は物件探しに取り掛かりました。

日本人の仲間との嬉しい出会い

ちょうどその頃、全米不動産投資サミットなるカンファレンスが、ダラスで開催されました。地元ダラスでの開催だったので、もちろん僕も出席しました。

僕は他の日本人で不動産投資をしている人を知らなかったので、その日も地元アメリカ人の投資仲間達と立ち話をしていたら、急に日本語で話し掛けられました。

まさかこの会場に日本人がいるなんて思いもよりませんでしたが、同じ日本人としてとても嬉しく思い、即日食事にお誘いし、投資の話をたくさんしました。

話を聞くと、２人組の日本人はかなりアメリカ不動産に詳しく、ハワイとニューヨークからわざわざこのカンファレンスに来ていました。

投資も僕なんかより随分とされているようで、テキサス州、特にダラス不動産に魅力を感じているようでした。話が盛り上がり、結局カンファレンス期間中、２度も食事をご一緒し、３人でダラスのマルチ・ファミリーを取得しようという、まさかの展開となりました。

３人、しかも全員日本人となれば心強いですし、２人は資金面でも体力があり、僕がダラスで優良物件を探し出せば取得できる段取りが整いました。

そうです、これで取得チームができて、物件取得の現実味が出てきたのでした。この2人との出会いは僕にとっては涙が出るほど嬉しい出来事となったわけです。

シンディケーション（投資ファンド）スキームとは

投資スキームとしては、シンディケーションと呼ばれる、投資ファンドをつくる形をとりました。これはSEC（米国証券取引委員会）が認めているスキームで、物件ごとに法人設立をします。その法人がアセットを保有し、投資家がその法人株を取得する形で参加するスキームです。物件ごとなので、複数案件が入っているリートなどのファンドとは違い、投資物件のパフォーマンスがわかりやすいのが特徴です。

株で言うと個別銘柄を取得するイメージなので、投資家は自分が納得する物件を選んでシンディケーションに参加し、投資家それぞれが自分の好きなポートフォリオをつくっていくことになります。

投資家によっては、限定した都市の物件だけに投資するだとか、分散のためいくつか違う都市の物件に投資するなど、各自が投資戦略を持ってポートフォリオを組んでいます。

シンディケーションの参加資格

このストラクチャーの投資資格には制限があり、参加資格はアクレジット・インベスターであることとなります。アクレジョット・インベスターとは自宅不動産を除いた純資産が1ミリオン（1億円）以上ある、もしくは年間収入が過去2年連続で20万ドル（2000万円）以上ある方となります。ある程度資産、もしくは収入がある人は、投資知識もあり自己責任で投資判断ができるだろうというのがSECの考えのようです。

この他に、アクレジット・インベスターでなくても、投資に関しての勉強をしたソフィスティケイティド・インベスター（洗練された投資家）であれば、シンディケーションに参加できるスキームもあります。

ただ1つ条件があり、ディール（物件）をまとめている、GP（ジェネラル・パートナー）と知り合いであることが必要となります。その日、たまたまイベントで初めて会って声をかけた人や、DMで始めてコンタクトをとったような人は、いきなり投資参加ができないルールとなっています。

チームをつくり、89室のマルチ・ファミリー物件を共同で入手

僕達は、ソフィスティケイティド・インベスターも参加できる506(b)オファーと言われるシンディケーション・スキームを選びました。僕達以外にも、銀行に眠っている余剰資金を安定的に運用できる不動産投資に回したいと考えていた知り合いも入り、4ミリオン（4億円）前後の物件を買うことにしました。

知り合い達は、医者やビジネス・エグゼクティブなどでした。投資資金はあるけれど、仕事が忙

しく、投資案件をまとめるために必要な時間がない人達で、そのような投資家達は、案件をまとめ上げ運営・管理できるGP（ジェネラル・パートナー）を探しています。

このような投資家達はシンディケーション案件にLP（リミテッド・パートナー）として参加します。簡単に言うと、GPがファンド・マネージャーでLPがファンドの投資家のような立ち位置です。

ちなみに僕は、僕がGPとしてまとめているすべてのディール（物件）にLPとしても参加しています。

やはり、投資家さん達もGPがセイム・ボート（同じ船）で投資していると安心してくれますし、まず、第一に僕が投資したいディール（物件）をまとめている訳なので、もちろん僕自身も投資します。逆に言えば自信があるディールしか僕は手を出しません。

物件を探してしばらくして、オフ・マーケット・ディール（市場に出る前の物件）情報を入手し、アンダーライティング（投資分析）の結果、目標以上のリターンが出る見込みとなったので取得に動きました。

情報提供者が知り合いだったこともあり、交渉もスムーズに進み、見事その物件を取得することができたのでした。

こうして、個人で資金がなくとも、チームをつくることにより89室のマルチ・ファミリー物件を共同で手に入れることができました。このディール取得は僕の不動産投資人生の中で、1つの大きなマイル・ストーンとなりました。

投資グループやアセットタイプの選び方

その後、案件ベースで日本人、アメリカ人問わずチームをつくり、シンディケーション・スキームでマルチ・ファミリー物件を買い進めました。また、ビジネスとしては、先に書いたように商用不動産ブローカー業もこなしていきました。

また、これから商用不動産開発に参入する練習として戸建住宅開発を手がけるなど、不動産関係のビジネスと投資で徐々に資産形成をしていきました。

規模がある程度になったタイミングで勤めていた企業からは卒業したので、現在は不動産を中心とする様々なビジネスと投資活動に専念しています。

毎日が学びで、また毎日ハプニングの連続なので、とてもエキサイティングな日々を送っています。投資が好きでそれに向かってやって来たので、経済的自由を手に入れ、好きなことに没頭できるのはとても楽しいです。

今後は商用不動産では他のアセットクラスへの投資や開発案件も手がけていくつもりです。また、ハイテクと不動産を掛け算した、新しいサービスづくりなども検討しています。

とにかく興味があることは取りあえずやってみて、それらの点がのちに線となって繋がっていくイメージを持って活動をしています。

8　全米に存在する商用不動産投資グループ

ところで、全米には僕がやっているような商用不動産投資グループが実はたくさん存在しています。その特徴についても軽く触れておきます。

機関投資家

商用不動産投資のトップにいるのは、REIT（不動産投資信託）、ヘッジファンドなどインシテテューション（機関投資家）で、彼らが動かす金額は桁違いです。

彼らは株式市場や富裕層から資金調達して、不動産ポートフォリオを組むのですが、ほとんどがAクラスの大型案件です。Aクラスは利回りが低いとお話ししましたが、そのロケーションや物件コンディションがよいので、より安全資産だと考えられています。

ファンドに集まった資金はすぐに投資運用を開始しなければ配当を出せないため、アグレッシブにどんどん物件を取得していきます。日本人が銀行預金やタンス預金で資金を眠らせてしまっているのとは対極です。

アメリカの投資家たちが「貯金は怠け者がすること」と言うのが理解できますよね。投資案件も多くなると、案件を仕込むだけでも大忙しなのです。

アメリカ・リート市場は世界一

アメリカ・リート市場は世界一大きくて、銘柄総数が１５０以上、時価総額で1トリリオン（１００兆円）以上あるので、１００ミリオン（１００億円）を超える物件も対象に取得していきます。僕のマルチ・ファミリーでいうと、３００室以上を対象に取得していることが多いと思います。僕のようなプライベート・エクイティー・グループともパートナーとなり得ることがありますが、インシティテューション（機関投資家）は組織が大きい分、物件を持ち込んだ際の検討プロセスは長くなります。

まずは担当者が案件の審査基準を満たしているかを確認し、それから条件の要望などある程度話を詰めたところで、ようやく稟議にかけられます。投資決定までにかなりのステップを踏むことになるので時間が掛かってしまうケースが多い印象です。

資金調達時間に限りがある中では、関係がないとキャピタル・スタックの一部として組み込むのはハードルが高いです。もちろん、関係を築いてお互いの基準や要望を理解し合えるレベルになれば、プロセスが簡素化されスピードは上がると思います。

富豪一家の資産管理オフィスとは

その次にくるのが、ファミリーオフィスと呼ばれる、いわば、富豪一家の資産管理オフィスです。富裕層はプライベートバンクに資産運用を任せているイメージがありますが、実はファミリー自身が投資管理部門を持っている場合が多いのです。

また、動かせるお金もかなり高額となります。ファミリーオフィスでは中規模のAクラス物件やBクラス物件もターゲットとして取得していきます。僕が見ている限り、100ミリオン(100億円)程度までを対象に取得している印象で、特に20〜50ミリオン（20億円〜50億円）程度の物件を好む印象です。

投資管理部門を持っているだけあって、不動産投資知識もプロレベルです。僕もファミリーオフィスとお仕事をする機会があるのですが、とても仕事がしやすい印象を持っています。組織が比較的小さく、決定権のある人と直接話ができて決断もとても早いです。

プライベート・エクイティー・グループ

そして、その次に来るグループが僕達のやっているようなシンディケーション・グループです。プライベート・エクイティー・グループとも呼ばれています。このグループは主に個人投資家を束ねて、Bクラス、Cクラス物件を取得・運営します。

シンディケーション・グループでもAUM（管理物件総資産）が1ビリオン（1000億円）を超える大きなグループもありますので、決して小さい訳ではありません。

投資対象案件はグループによって様々ですが、小規模グループだと5〜20ミリオン（5億円〜20億円）程度の物件を対象として、中堅だと20〜50ミリオン（20億円〜50億円）程度を好んでいるように見えます。

少人数での投資の場合はＪＶ・スキームで購入する場合もあります。シンディケーション・スキームでの投資では、プリファード・エクイティーと呼ばれる、機関投資家とつながっているエクイティー・ショップから資金調達するケースもあります。

様々なソースから資金調達を行う、キャピタル・スタック

僕も経験があるのですが、物件価格が大きくなると、様々なソースから資金調達を行います。これをキャピタル・スタックと呼びます。

スタックとは積み重ねると言う意味ですが、例えば、70％をエージェンシー・デット（銀行融資）、10％をメザニン融資と呼ばれる2番目の融資、10％をプリファード・エクイティー、そして残り10％をＬＰ（リミテッド・パートナー）いわゆる個人投資家から投資を募ります。様々なところから資金を調達し、まとめ上げて物件取得をするのです。

このように様々な投資グループが資産運用目的で参入するのがアメリカ商用不動産なので、物件を個人で所有する、いわゆる個人オーナーさんは殆どいません。10ミリオン（10億円）を超える物件の90％以上は、このような投資グループがオーナーとなって運営していると思います。

アメリカ商用不動産は株、債券、コモディティーに並ぶ投資対象アセットで、投資資金の流れが日本よりも確立されているのでしょう。

プライベート・エクイティー・グループの強み

では僕達のようなシンディケーション・スキームで行うプライベート・エクイティー・グループの強みとはなんだと思いますか？　僕は投資リターンの高さだと思っています。Ｂクラス、Ｃクラスとなると A クラスよりもキャップレートが高いので、その分、リターンが高くなります。

そのような物件は A クラスに比べて管理の難易度が高いというイメージもありますが、実は管理の難易度は A クラスとさほど大差はないのです。ツボを押さえて運営すれば、場合によっては A クラスより上手く回ります。

A クラス物件は、新築の供給量や景気に左右されやすい側面があります。また、A クラスの特に新築は Value-Add（バリューアップ）ができない物件も多いのです。

一方、Ｂや C クラスだと、殆どが Value-Add（バリューアップ）物件なので A クラスよりキャピタルゲインを見込めます。また、Ｂクラスは A クラスのように新築の供給量に直接影響されることもありません。

先ほど説明したように、Ｂクラスは景気の変動にも強いと思っています。要は管理経験が豊富で運営のツボを押さえていれば、A クラスに負けない安全資産として回していける可能性が高いということです。

このようにプライベート・エクイティー・グループなりにマーケットポジションをうまく取り、強みを持って投資をしているのです。

不動産投資とビジネスの形

シンディケーションをこなして行くと、それに費やす時間もかなりの割合になって来ました。もちろん、参加してもらった投資家達のため、そして自分も投資しているので自分自身のためにも絶対に満足いくパフォーマスを出すんだ、という強い信念を持ってやっています。そのために時間は惜しみなく費やし、少しでもパフォーマンスが上がるよう、日々仕事をしています。

そうなると、ブローカー業までこなす時間がなくなってしまいました。現在、ブローカー業は開店休業の状態です。

シンディケーションのGP（ジェネラル・パートナー）として物件をまとめ上げ、その対価として物件保有会社のオーナーシップの一部と、AM（アセット・マネジメント）費をいただいています。そう、シンディケーション・スキームで取得した物件が現在の僕のビジネスであり投資でもあるのです。

ブローカー業に関しては、今後も継続的に日本人投資家達からの需要があり、僕の知識や経験を必要としてくれるクライアントがいると判断した場合、体制をしっかりと整えて再開するかもしれませんが、今のところは未定です。

今まで日本人向けのブローカー業以外は、アメリカにドップリと浸かってやってきました。これからは日本に住んでいる人達ともっと繋がりをもち、一緒にアメリカ不動産投資や様々なビジネスを一緒にやって行けたらいいなと考えています。

〔図表10　バスルーム　リノベーション前〕

〔図表7 バスルーム　リノベーション後〕

〔図表11　リビングルーム　リノベーション前〕

〔図表8　リビングルーム　リノベーション後〕

〔図表12　フィットネスセンター　リノベーション前〕

〔図表9　フィットネスセンター　リノベーション後〕

第6章

物件取得までのプロセス

成功の3本柱は、Money – Deal – Operation（資金調達、物件調達、物件管理）

ここでもっと踏み込んで、物件所得のためのプロセスを話して行こうと思います。不動産投資の成功の鍵となるのは何と言っても、Money, Deal, Operation（資金調達、物件調達、物件管理）の3本柱だと思っています。

それ以外に沢山やらなくてはいけないことがありますが、それらはできるだけアウトソースするなり、効率化を図るなりして、なるべく時間を使わないようにします。

投資家、そしてGPとしては、この3本柱に自分のリソースを集中させるように心がけています。ある大型シンディケーション・グループのオーナーは、こう言っていました。『特にDealとMoneyが大事だ、それ以外はノイズ（雑音）だ』

彼はDealとMoney以外にあまり時間を使いません。仕事の仕方もこの選択と集中は効果があります。

1　Money ― 資金調達

資金調達先

では、具体的に資金調達にはどのような方法があるか、今一度書いて見ました。

① ファニーメイ、フレディーマックなどエージェンシー融資

②　CMBSなどのファンド系融資
③　地銀などのトラディショナル融資
④　ブリッジ・ローンを提供する商用ローン銀行融資
⑤　メザニン融資
⑥　プリファード・エクイティー
⑦　ファミリーオフィス
⑧　アクレジット・インベスター
⑨　ソフィスティケイテッド・インベスター

これらの融資先や投資家から、資金調達ができるわけです。

マルチ・ファミリーではエージェンシー・デットからのローンが最も一般的

マルチ・ファミリーではファニーメイとフレディーマックなどエージェンシー・デットと呼ばれるローンが最も一般的で、融資タームの条件もすごくよいです。

マルチ・ファミリー向け融資の半分以上は、このエージェンシー・デットだと言われています。

僕もほとんどの稼働案件で中期保有の場合はこのタイプのローンを使います。

タームとしては、今現在（2021年1月現在）金利が3％前後、融資額が購入価格の75～80％、3～5年の金利のみ支払期間、10年満期、30年ローンが主流です。物件条件としては、90％以上稼働していることとデット・カバレージ・レシオが1・25以上であることとなります。

逆に言えば、高稼働物件でなければ融資してくれません。稼働率が90%以下と低く、アップサイドが高い物件には使えないのです。そのため、ロング・ターム・デット（長期ローン）とも呼ばれています。

10年満期前にローン全額返済する場合はペナルティー

また、10年満期前に物件売却などでローン全額返済する場合はイールド・メンテナスと呼ばれるペナルティーを払うことになります。

これは結構厄介で、例えば、購入後3年でエグジットを迎え、さて売却と思っても10年満期まで支払うであろう金利を、ローン全額返済時にペナルティーとして支払わなくてはいけないのです。10年満期ローンで3年エグジットならば7年分の金利を支払わなくてはいけません。

イールド・メンテナンスは、そのときの米国10年国債の金利を元に複雑な計算式を使って計算されるので毎日変動しますが、例えば、10ミリオン（10億円）ローンであれば、7年分イールド・メンテナンス（ペナルティー）だけで軽く数ミリオン（数億円）になる場合もあります。

これだと、せっかくつくり出したキャピタルゲインが吹っ飛んでしまいます。

そのため、エージェンシー・デットにはイールド・メンテナンスを回避する手段として、既存ローンを買主が売主から引き継ぐことが許されています。引き継がれれば、ローンは継続されるので、イールド・メンテナスの支払いが回避できるのです。

ローン引継ぎ（アサンプション）でペナルティーを回避

この、ローンの引き継ぎをアサンプションと呼びます。マーケット状況や買主の投資戦略がマッチしていればとてもよいオプションです。

例えば既存ローンが10ミリオン（10億円）あり、3年間でバリューアップしたので、20ミリオン（20億円）で売却するとします。買主は10ミリオン（10億円）のローンを引き継ぎ、物件を購入できます。

しかしこれだと、残りの10ミリオン（10億円）を調達しなくてはいけません。レバレッジが50%しかきいてないので、投資リターンも下がってしまいます。

持ち出しが大きいのでCash on Cash Return（投資額に対してのリターン）で見ると、投資物件として成立しません。これを解決するために、エージェンシー・デットはサプリメンタル・ローンという第2のローンを出してくれます。

サプリメンタル・ローンでレバレッジを上げる

サプリメンタル・ローンは既存ローンの上にもう1つローンをくっつけて、レバレッジを上げられるローンです。購入価格の最大75%までサプリメンタル・ローンがおりますので、購入価格が20

ミリオン（20億円）の場合は、ローン額が15ミリオン（15億円）までとなります。

既存ローン10ミリオン（10億円）を引き継ぎますので、サプリメンタル・ローンが残りの5ミリオン（5億円）となります。これで合計ローン額としては15ミリオン（15億円）となり、レバレッジが75％となるので、新規ローンを組むときとほぼ同じ条件の融資をつけられたことになります。

75％までレバレッジが上がり、ローン以外の資金調達が5ミリオン（5億円）となるのでCash on Cash Return（投資額に対してのリターン）が上がり、投資案件として成立するわけです。

CMBSローンもエージェンシー・デットとほぼ同じタームで、アサンプション（ローン引き継ぎ）も可能です。ただ、最大の弱点はサプリメンタル・ローンがありません。

ですので、CMBSローンは10年単位の長期保有投資には向いていますが、3〜5年の中期保有にはあまり向いていません。

地銀のトラディショナル・ローン

地銀は比較的小型な案件に積極的に融資をします。このタイプのローンはトラディショナル・ローンと呼ばれています。エージェンシー・デットがなかった時代は、これが支流だったのでしょう。そのためトラディショナル（伝統的）と言われているのだと推測します。

金利やタームは銀行や物件によってまちまちですが、エージェンシー・デットとの競争もあるので、結局エージェンシー・デットに近くなる印象です。

借りる側のリスクが高い、リコースローン

エージェンシー・デットと大きく変わる点が1つあって、ほとんどのトラディショナル・ローンはリコースローンとなります。リコースローンでは、もしローンが焦げ付いた場合、銀行側はローン物件以外に債務者個人の資産まで差し押さえできる権利があります。債務者はローン物件以外の投資物件、ビジネス、自宅などが差し押さえになる可能性があるのです。

銀行には有利ですが、借りる側としてはリスクが高いです。投資はいかにリスクを軽減してリターンを最大化するかが勝負なので、僕はリコースローンを使ったことがありません。

一方でエージェンシー・デットやCMBSローンなどはノンリコースローンです。

ノンリコースだと万が一投資が失敗してローンの返済ができなくなっても、銀行が差し押さえられるのは、ローン物件のみとなります。ローン物件を銀行に渡してしまえば終わりで、それ以上の返済義務や責任は問われませんし、個人資産をリスクに晒すこともありません。

3年満期のブリッジ・ローン

ブリッジ・ローンとは短期融資のことです。マルチ・ファミリーのブリッジ・ローンの場合は3年満期が支流です。ブリッジとは橋という意味ですので、エージェンシー・デットなど長期ローンがつかない物件向けに短期で貸付してくれるローンです。

ブリッジ・ローンは稼働率や、デット・カバレージ・レシオが低くても融資してくれます。3年

以内に運営を改善し安定稼働させた後、長期ローンへ切り替えるまでの、橋渡し的なローンなのです。

このローンは大きくアップサイドを狙う投資家にとってはとても有効的です。なぜなら稼働率が低い物件はＮＯＩが低い物件です。簡単に言うと物件購入価格が安いのです。低価格で仕入れ、リノベーションを行い、リースアップして安定稼働させていき、ＮＯＩを大幅に上げることが可能なので、物件価値を飛躍的にアップできます。場合によっては短期間で物件価値を倍くらいにすることも可能です。

長期ローンへの借り換えができないと差し押さえに

ブリッジ・ローンは殆どがノンリコースなので、個人資産までリスクにさらすこともなく使いようによってはよいローンです。

しかし、３年の短期ローンですので、３年満期までに全額返済しなくてはいけません。それが最大のリスクです。もし、モタモタしていて満期までに長期ローンへの借り換えができなかった場合、物件を差し押さえられてしまいます。

また、ブリッジ・ローンはデット・カバレージ・レシオが低くても借りられるため、アップサイドもないのに、割高で物件を買ってしまう投資家も出てきます。リーマンショック時に多くフォークロージャー（差し押さえ）が出たのも、このブリッジ・ローンを使って割高で買ってしまった投資物件です。

リーマンショックのタイミングでブリッジ・ローン満期となった物件は、景気後退で評価額が下がってしまい、エージェンシー・デットなど長期ローンへの借り換えができなくなってしまいました。

それに拍車をかけたのが、キャピタル・マーケット（金融市場）のフリーズ（凍結）です。金融危機だったので各銀行が融資基準をものすごく厳しくしました。少しでも高値で買ってしまった物件は、長期ローン融資基準に満たないので、多くの投資家がフォークロージャー（差し押さえ）に追い込まれました。

ブリッジ・ローンは上級者向けの融資

このような背景もあり、ブリッジ・ローンは比較的上級者向けのローンだと思います。初心者が明確なValue-Add（バリューアップ）プランもなく手を出すと危険ですので注意してください。

特にリーマンショック前は、毎年のように物件価格が上がっていたので、キャッシュフローの出ない低キャップレート物件も、マーケット頼みのキャピタルゲイン狙いで購入した投資家が多くいたのです。

ブリッジ・ローンはノンリコースなので、銀行はローン物件以外の資産まで差し押さえはできませんが、一旦フォークロージャー（差し押さえ）を出してしまうと、当分の間、不動産ローンの審査がおりなくなってしまいます。そうなると不動産投資の継続自体が難しくなります。そういった意味ではノンリコースでもそれなりのリスクはあると思います。

メザニン・ローン

メザニン・ローンとはメイン・ローンの上に、もう1つ融資を付けてレバレッジを上げることができるローンです。エージェンシー・デットのアサンプション（ローン引き継ぎ）向けサプリメンタル・ローン（第2のローン）に似ていますが、メザニンはアサンプションではなくて新規ローンの上に積み上げられます。

主に大型案件向けで、僕が手がけている20～30ミリオン（20～30億円）程度の中型物件だと一般的ではありません。僕が取り扱う中型サイズの物件だとエージェンシー・デットで80％レバレッジがあれば、残り20％をLP（リミッテット・パートナー）から調達することができるからです。

ところが100ミリオン（100億円）レベルの大型物件だとメイン・ローンが80％おりても、20ミリオン（20億円）調達しなくてはいけません。LP（リミッテット・パートナー）からだけだと20ミリオン（20億円）すべての調達は厳しいと判断した場合、その一部をメザニン・ローンでまかなうのです。

このタイプのローンは日本でも商用不動産を運用されている方にとっては一般的かもしれません。大型案件のキャピタル・スタックにはとても有効的ですね。

Preferred Equity（プリファード・エクイティー）とは

Preferred Equity（プリファード・エクイティー）とはヘッジファンドなどから資金調達してシンディケーション・グループのエクイティー・パートナーとしてスキームに参加します。Preferred（プリファード）とは優先という意味で、配当を優先的に受け取るエクイティーとなります。利益からの支払い・配当順序は、まず、銀行ローン返済（メインやメザニン）、そしてPreferred Equity（プリファード・エクイティー）へ配当、次にLP（リミッテット・パートナー）へ配当となります。

エクイティーなので、ローンと違って物件を差し押さえる権利などはありませんが、僕的にはメザニン・ローンと近いイメージで捉えています。

Preferred Equity（プリファード・エクイティー）のリターンと最低モトプライヤー

Preferred Equity（プリファード・エクイティー）は10～12％のリターン（配当）を要求します。また、最低モトプライヤーが1・5～2Xくらいです。

モトプライヤーとは投資額に対しての最低リターンのことで、例えば5ミリオン（5億円）投資の1・5モトプライヤーだと投資原資を入れた最低リターンが7・5ミリオン（7・5億円）です。

もし、リファイナンスや物件売却時に配当総額が2・5ミリオン（2・5億円）に満たない場合は、その差額を払わなくてはいけません。エージェンシー・デットのイールド・メンテナスと性質が似ていますね。

配当額はまあまあ大きいですが、LP（リミッテット・パートナー）の配当に比べると低いので、LPオンリーでエクイティーを積み上がるよりもLPへ回せる配当を多くできます。また、短時間でまとまったエクイティーが確保できるのは大きいですね。

大型物件で、レバレッジを上げる有効的なオプションの1つ

Preferred Equity（プリファード・エクイティー）は名前の通りエクイティーの一種ですが、物件保有会社の株は渡さなくてよいので、キャピタルゲインを受ける権利もありません。あくまで、10～12％の配当と最低モトプライヤーさえ満たせばよいので、大型物件を取得する際はメザニン・ローンのように使って、キャピタル・スタックを積み上げる有効手段の1つです。

例えば、エージェンシー・デットのアサンプション（ローン引き継ぎ）でサプリメンタル・ローンが下りないケースなどでは、レバレッジを上げる有効的なオプションとなると思います。

契約内容の吟味が重要

Preferred Equity（プリファード・エクイティー）で気をつけなくてはいけないのは、会社によって契約内容がバラバラで、よく吟味しないとシンディケーション・グループに不利な条件が入っている場合があることです。

例えば、毎月の配当が支払えない場合、即、物件保有会社の所有権を Preferred Equity（プリファード・エクイティー）会社へ移すなど、かなり乱暴な内容が入っている場合があるので要注意です。Preferred Equity（プリファード・エクイティー）会社もやはり、実績を積んで信頼関係ができればうまく使いこなすことができると思いますが、超上級者向けのエクイティーだと思います。

ファミリーオフィスとの関係構築で、投資の幅を広げる

ファミリーオフィスは「アメリカ商用不動産ビジネスの世界」の章でも書きましたが、Equity Partner（エクイティー・パートナー）にもなります。オフィスによって、様々なスキームで投資に参加してくれます。Preferred Equity（プリファード・エクイティー）の場合もありますし、Co-GP（共同ジェネラル・パートナー）として運営に参加する場合もあります。

ＬＰ（リミテット・パートナー）での参加の場合もありますので、ファミリーオフィスとよい関係構築ができれば、投資の幅を広げる事ができると思います。

ＬＰ（リミテット・パートナー）になるインベスター

最後は何度も説明していますが、ＬＰ（リミテット・パートナー）として参加されるアクレジット・インベスターとソフィスティケイテッド・インベスターです。僕の物件の大半はこのＬＰと共同投資をしています。日本からＬＰとして僕の投資に参加されている方もいます。

このように様々なパートナーからの資金調達方法がありますので、GP（ジェネラル・パートナー）として、多くのエクイティー・パートナーと繋がりを持ち、よい関係が持てるように日々活動しているいる訳なのです。

このエクイティー・パートナー達とのネットワーキングは不動産投資の中では最も重要な活動の1つです。

2　Deal Flow ―― 物件ソーシング

Deal Flow

今度はDeal Flowです。商用不動産の場合、住宅のようなMLSデータベースがありませんので、各ブローカーからの情報提供がメインになります。また、住宅のようなホールセーラーもほとんどいません。

というのも商用不動産のオーナーは投資グループの法人がほとんどです。投資グループは投資戦略や投資リターン目標を持っていますので、相当な価格提示がない限り、面識もない人からいきなり連絡がきて、はい売ります、とは行きません。

彼らはプロの投資家です。市場知識と市場データを持っている商用ブローカーに市場分析を出してもらって販売価格を決定し、売却します。決して感情では動きません。

商用不動産はブローカーとの関係構築が欠かせない

では、どのルートで探すのかというと、やはりブローカー達と関係を構築して自分自身で情報が入りやすい状況をつくっておくことが大切です。

各都市に商用専門としているブローカー達がいます。各アセットクラスでも別れているのでかなり細分化されています。

マルチ・ファミリー専門でやっているブローカーはダラスやヒューストンだと数十社あり、その中の8～9社くらいで、都市全体の80％のディールをこなしていると言われています。このようなパワーハウスはその都市の殆どの物件オーナーを知っています。彼らの仕事はこのオーナー達と関係を構築していくことです。

ダラスやヒューストンだと、早ければ2～3年、長くとも10年周期でオーナーが変わりますが、その都度同じブローカーが仲介をします。同じ物件で数年置きに何度もビジネスが発生するわけです。取り扱う物件価格は数十ミリオン（数十億円）単位なので手数料もかなり大きいです。各都市のトップ10ブローカーが大成功している理由がわかりますよね。

ＧＰ（ジェネラル・パートナー）や投資家としてはこのようなブローカーと関係を築くことで、物件情報がとても入りやすくなります。ブローカーとしても、市場に出して大々的なマーケティングを行い、クロージング（決済＆物件引渡し）ができないリスクのある知らない買主とディールするよりも、すでに関係があり確実にクロージングしてくれる買主とビジネスをしたいわけです。

ブローカー達のインビィテーション・オンリーのパーティー

ブローカー達もインビィテーション・オンリーのパーティー（招待者のみ参加可能な立食パーティー）を定期的に行い、物件オーナー達と関係を築いていきます。

僕もコロナ前は、積極的にこのようなパーティーへ参加してネットワークを広げていました。パーティーの種類もたくさんあり、一般的なオフィスのカンファレンス・ルームやホテルのバンクイット・ルームでのパーティーから、船上パーティー、ＰＧＡゴルフツアー・スイートルーム観戦、野球、競馬などのスイートルーム観戦パーティー、かなりディープなところでは、ドレスコードがタキシードで商用不動産業界者のみが参加できる、会場貸し切りの総合格闘技観戦パーティーなどがあります。

一番大きなカンファレンスは年に1度開催されるNMHC（ナショナル・マルチファミリー・ハウジング・コンソル）で、毎年カリフォルニア州サンディゴとフロリダ州オーランド交互に開催されます。このカンファレンスでも各ブローカーや銀行関係がディナーパーティーを大々的に開催します。このようなイベントへ足繁く通って関係を深めて行きます。

ディールをこなせばこなすほど、コミュニティーでの知名度と信頼感がアップ

ここまで聞いて感じた方も多いと思いますが、とても古典的で20世紀型のビジネスでもあるのです。ネットを使ってバーチャルでやるこの時代とは真逆のとてもクローズド（閉鎖的）なコミュニ

ティーでもあるので、ある意味アンフェアーなビジネスでもあります。

硬派で信頼性を大事にしていますので、軽率な人は相手にされなくなっていきます。一度信頼をなくしてしまうと、とてもやり難いビジネスです。いわゆる顔でビジネスをする感じです。ディールをこなせばこなすほど、コミュニティーでの知名度と信頼感が上がり、さらによいディール情報が、より早く入るようになり、他との競争がなくなっていくのです。

商用不動産の世界ではマルチ・ファミリーが一番オープンと言われていても、このような業界です。リテールやオフィスとなるとさらにクローズド（閉鎖的）なマーケットなので参入のハードルが上がっていきます。

ＶＩＰ顧客と認められると、プレミア情報が得られる

皆さんも聞いたことがあるかもしれませんが、フェラーリの限定モデルの一部はとても価値があり、買った瞬間にリテールバリューが50％上がるなんてことがあるのですが、この限定モデルは一見のお客には絶対販売しないのです。

まずはそのディーラーで数台一般モデルのフェラーリを購入しＶＩＰと認められて、初めて限定モデルの購入が許されます。

一旦限定モデルのアクセス権がもらえると、買えば必ず価値が上がるモデルを誰よりも先に定価（プレミアがつく前）で買えるという特権がもらえます。

商用不動産もそれに似ているところがあると思います。まずは市場で出ている物件をそつなくこなし、関係を築いて初めてディープな情報が入るのです。

Money と Deal の両方が大切

人によって不動産投資は Money が一番大事という人と、Deal が一番大事という人がいますが、僕は両方だと思っています。

マーケットサイクルによってその重要度は多少左右します。例えばマーケットが過熱気味のときは、Money はあるが、Deal を見つけられない、逆にマーケットが冷え込んでいるときは Deal があるが Money を見つけにくくなる傾向となると思います。

やはり、Money と Deal の両方をいつでもマッチングできる状態をつくっておくことがとても重要ですね。

3　Operation ― アセット・マネジメント

物件管理

物件を無事取得できた後、実際のプランを実現させていくのが、オペレーションです。GP（ジェネラル・パートナー）としては、PM（プロパティー・マネジメント＝物件管理）会社を社内に置くか、アウトソーシングするかを見極めて、ＡＭ（アセット・マネジメント）として物件管理をしていきます。

オペレーションも投資を成功に導くためにはとても重要で、その投資が成功するか失敗するかは、物件保有期間のオペレーションに左右されます。

ＡＭとＰＭの関係性

僕の場合は、とてもよい関係にあるＰＭ（プロパティー・マネジメント＝物件管理）会社をアウトソーシングして物件管理しています。僕たちＧＰ（ジェネラル・パートナー）はＡＭ（アセット・マネジメント）としてＰＭと協業し、オペレーションをしているのです。

ＡＭの役目は、ＰＭとのビジョン共有、ゴール設定、日々のＰＭの管理業務となります。

特にリポジショニングするような物件だと、取得後12か月ほどはとても忙しいです。毎日のようにＰＭとミーティングを繰り返してリノベーション計画の擦り合わせをし、実際工事をする各業者を選定し、場合によってはＣＭ（コンストラクション・マネジメント）もこなします。

ＰＭ会社がＣＭをする場合もありますが、やはりＡＭがオーナーの立場で管理しないと、納期もクオリティーもコストもすぐにズレていってしまいます。よって僕の場合はＡＭ業務の一環としてＣＭにも携わっています。

リノベーション工事の管理をＡＭが責任を持ってすることにより、工事の工程や進捗、品質管理、コスト管理のコントロールが効き、リポジションを成功させられると思っています。

リノベーション中も物件は黒字で回す

リポジショニングの場合、テナント属性を改善させる必要がありますので、リノベーションと同時に始めるのが、テナントの入れ替えです。こちらもバランスがとても重要なのでAM（アセット・マネジメント）とて目を光らせなくてはいけません。

テナント入れ替えは、一度全室空にしてリノベーションをするのがシンプルでしょうが、現実的にはそうはいきません。ある程度稼働している中で、収支をブレークイーブンで回すのが僕としては理想です。

あらかじめブレークイーブンとなる稼働率を算出しておき、その稼働率まではテナントを出してしまいます。空室が出たら直ぐに内装を仕上げ、テナントを入れ替えしていきます。そうすると、リノベーション中も物件は黒字で回るので無理なくリポジションしていけます。

まずは共用スペースのリノベーションから始め、同時に物件アピールも行う

僕が使う手法としては、まず外装、看板、リーシング・オフィス、プールやバーベキュー・ステーション等のアミニティーなどからリノベーションを開始します。リーシング・オフィスに完成予想図を張り出し新規テナントへ物件のアピールも同時に始めていきます。

同じタイミングで、特に属性が悪く家賃の滞納額が高いテナントや違法行為を行っているテナントから、合法的に強制退去していきます。

ヒドイ物件だと、麻薬ディーラーや売春などしているテナントもいるので市警察に協力してもらい立退きをしてもらうわけです。10～20％ほどの問題テナント達が出て行っただけでも、随分とコミュニティーの印象が変わってきます。

このときはまだ稼働率を90％程度で回し、外装、オフィス、アミティー等を完成させていきます。この共用スペースのリノベーションが最終段階に入ったところで、今度は一気にブレークイーブンとなるところまで、稼働率を下げてテナントの入れ替えを行っていきます。このときは少額の家賃滞納があるテナントを合法的に強制退去していくこととなります。

ゲートを付けたり、カメラを設置するなどのセキュリティーも強化していき、テナント入れ替えが50％を超えてくると、他の家賃滞納者や、表で堂々とできないような取引をしているテナントがもしまだ残っていても、居心地が悪くなり勝手に出て行くようになります。

リースアップ（稼働率を短期で上げる）のポイント

そこまで来れば、稼働率をまた95％程まで上げて行き、安定稼働物件へと仕上がっていきます。この工程は少なくとも12か月はかかると思います。

リースアップ（稼働率を短期で上げる）時は家賃割引キャンペーンなど行い、少し低い家賃でイッキに稼働率を上げます。その後、リース契約更新の際、家賃をマーケット価格に修正する作業を経て完全な稼働物件と仕上がります。

ここまでの全プロセスには24か月ほどはかかると思います。ここまで来れば、NOIはかなり上がっているので、物件によってはここでエグジットして投資リターンが100％以上出るケースもあります。

2年で投資額が2倍にもなるのか？　そんなうまい話があるはずがないと思うかもしれません。しかし実はそんなに難しくないのです。例えば、80％までレバレッジが効いている物件だと、物件価値が20％上昇すれば投資額に対して100％リターンが取れるからです。

リファイナンスで資金回収も

安定稼働後、もう1つ考えられるエグジットがリファイナンスです。

物件を再鑑定して、バリューが20～30％上がっていれば、その新鑑定価格の75％でローンの借り換えをすることができ、投資額の大部分、場合によっては全額、回収できてしまいます。

ローン額が大きくなりますが、物件のNOIも上がっていますので、リファイナンス後でも十分キャッシュフローが出る場合は、そのままキャッシュフロー物件として5年ほど保有してもよいと思います。

投資額をすでに回収しているので、その5年間は、投資額ゼロに対して無限リターンを享受できることになります。これを、アメリカン・ドリームと呼びます（笑）。物件管理の腕次第で、このように、マーケットサイクルと融資オプションを上手く組み合わせ様々な投資戦略を組み立てることが可能になってくる訳です。

これでMoney, Deal, Operationの重要性が理解できたかと思います。特にMoneyとDealを上手くマッチングさせないと、物件を取得することすらできません。

先程、20世紀型の古いビジネス習慣と書きましたが、ディールサイズが大きく、まとめ上げるために多くの関係者が関わるため、なかなかオンライン化しにくい業態であるというのもその理由です。アメリカではGP（ジェネラル・パートナー）とLP（リミット・パートナー）を繋ぐ部分など、一部ではオンライン化が進んでいますが、それ以外の部分はまだまだです。

僕の肌感覚では、今後もしばらくはネットワークや信頼関係などが重視されるクローズ（閉鎖的）なマーケットのまま存在していくのではないでしょうか。参入の壁が高い分、一度入り込めば有利に進められるので、このポジションは今後も大切にしていきたいと考えています。できれば僕のネットワークをレバレッジとして使ってもらい、日本の投資家さんがもっと参入しやすい投資の流れがつくれれば、更によいですね。

では実際、どのタイミングでどんなことをするのか、僕の投資案件クロージングの実話を元に、次章から見ていきたいと思います。生々しい話もありますが、より具体的にイメージできると思います。

〔図表13〕
2020年アジアン・アメリカン
全米不動産会合の様子

〔図表14〕
ブローカー主催の
インビテーションオンリー
ＰＧＡツアー観戦イベント
(写真は著者とダラストップ
ブローカー)

〔図表15〕
タイトル会社主催の
ネットワーキング・イベント
(写真は著者と現地ビジネス
パートナー)

〔図表16〕
全米アパート投資カンファレンス
(写真はロバート・キヨサキ氏と)

第7章

投資案件
クロージングの実例

物件取得への道のり

Money と Deal 情報には常にアンテナを張っておく必要がありますが、案件を進める上で最初のトリガーになるのが Deal となります。Deal がないと何も始まりません。そこで Deal Flow（物件情報）は常に入ってくるようにしておき、よさそうな物件情報を入手したら、その都度 Underwriting（収支分析）をします。

僕の場合は週5～6物件は見ています。そこでフィルターをかけて、目標投資リターンが出る物件があったら即オファーを準備します。

この際に重要なのが、投資戦略と融資タイプの組み合わせパターンをいくつか試してみることです。というのも、いつも同じパターンで Underwriting（収支分析）していては、チャンスを見逃してしまうことがあるからです。

例えばエージェンシー・デットで5年保有の Underwriting（収支分析）ではリターンがでないと諦めていた物件でも、ブリッジ・ローンと Preferred Equity でキャピタル・スタックを積んで、物件を取得し、短期間でリポジショニングした後にリファイナンスして4年保有する、というシナリオだと大きなリターンが出る優良物件だったという事があるからです。

慣れてくると、物件の築年数、ロケーション、収支の状況を見て、戦略がすぐに組み立てられるようになってきます。パズルのような作業ですが、僕はこのダイヤモンドの原石を見つけるようなプロセスが結構好きです。

1　Dealの実例

ポートフォリオ・ディールに個別にオファー

あるとき、３件のポートフォリオ・ディール（3物件セット販売）情報を入手しました。１件あたり23ミリオン（23億円）程度で合計70ミリオン（70億円）弱の物件だったのですが、いくつかEquity Partnerの目処が付いていたこともあり、そのポートフォリオ・ディールにオファーを入れました。

このとき、３件まとめてのポートフォリオ価格ではなく、物件ごとに価格を提示したオファーレターを書きました。

これが後々効果を発揮します。

ポートフォリオ・オファーとしては他に高く入れてきていたオファーがあったようですが、僕達のオファーの中の1物件は売主にとって好条件だったようで、この1物件を僕達に切り売りしてもよいと返事が来たのでした。

これはとてもラッキーで、20ミリオン（20億円）前後の物件を探しているシンディケーション・グループは結構いるのですが、70ミリオン（70億円）の物件となると、対象とする投資グループの数がかなり少なくなるので、競争相手がほとんどいない状態で話を進められました。

売買契約書の細かな交渉、リターン目標数字の算定

取得の順番としては、最初にDealがトリガーとなります。はれて希望オファーが受理されると、すべてが動き出します。

オファー受理後、弁護士を雇い売買契約書の細かな交渉に入ります。この交渉は2週間ほどかかりますが、その間に僕達のUnderwriting（収支分析）の確認作業も同時に始めます。融資先や大口投資家と融資条件やキャピタル・レイズ（資金調達）の話を詰めて行き、キャピタル・スタックの目処を立てます。

また、ＰＭ会社とプロフォーマ（予測）収支の確認もこのタイミングでします。このプロセスでは実際にレント・コンプス（競合物件の家賃）物件を訪問して予測収支の再現性を確認します。具体的にはリノベーション後の家賃収入がどれくらい上げられるかを確認し、経費削減プランの実現性など詳細を詰めて行くのです。

売買契約書にサインする直前には、これら全部の作業を終わらせ、リターン目標数字をほぼ固めます。

契約、融資申請の準備

ここまで準備して、腹をくくったら、いよいよ契約書にサインします。決断のときですのでやはり緊張感があります。

サインしたら、即、銀行に融資申請の準備を始めてもらいます。準備には数週間かかるので、サインと同時にこのプロセスを始めないと間に合いません。同時にデューデリジェンス（物件調査）も始まります。クロージングまでのスケジュールは図表17のとおりです。

デューデリジェンス（物件調査）

デューデリジェンスは数週間しかないので、とても忙しくなります。この作業は2つに分かれていて、建物関係と書類関係を行います。建物関係は物件の設備・システム的な部分を専門家に見てもらいます。

屋根、配管、電気系統、空調設備、ファンデーション（基礎・土台）、駐車場などは専門家がインスペクション（診断）します。そして、ＰＭ会社には２００戸を超える全戸を1つひとつインスペクション（診断）してもらいます。この室内インスペクション（診断）はポイントシステムをとっていてチェック項目全てを数値化し、総合点で原状回復コストを割り出します。２００戸を超える室内を回るので、インスペクション（診断）に3日間かかりました。

もちろんＡＭとしてこれらのインスペクション（調査）に立ち会うのは絶対条件だと思います。僕ももちろん、作業しやすい服装で立ち会いました。

ここでも新しい発見があり、さらなる収入アップのアイデアやリノベーションのイメージなどの詳細もどんどん頭の中ででき上がっていきます。

リースや管理、権利関係の契約書を確認

書類関係では、財務関係を中心に行います。リース契約書を全戸分確認し、レント・ロールと照合します。多少の差異は目をつぶりますが、大きな誤差があった場合は再交渉です。

その他サービスやユーティリティー関係の契約書をすべて確認します。そして一番重要なのがタイトル（権利）の確認です。これは弁護士に確認してもらいますが、タイトル（権利）にイレギュラーな縛りはないか、リーン（抵当、留置権）が付いていないかなど確認します。

投資家募集の準備

同じくデューデリジェンス（物件調査）期間に準備する大きな仕事があります。

それが投資家募集の準備です。物件情報をインベスター・パッケージにまとめあげて、大口投資家にはプレゼンテーションを始めます。また、追ってズームなどを使ったリモート・プレゼンテーションを多数の投資家向けに開催してキャピタル・レイズ（資金調達）活動を本格始動します。

これらの作業、すべてを数週間の間にこなさなくてはいけませんので、睡眠時間が削られてしまう日も出てきます。

融資申請を正式に開始

この大変なデューデリジェンス（物件調査）が終わると、今度はすぐに融資申請を正式に開始し

〔図表17　クロージングまでのスケジュール〕

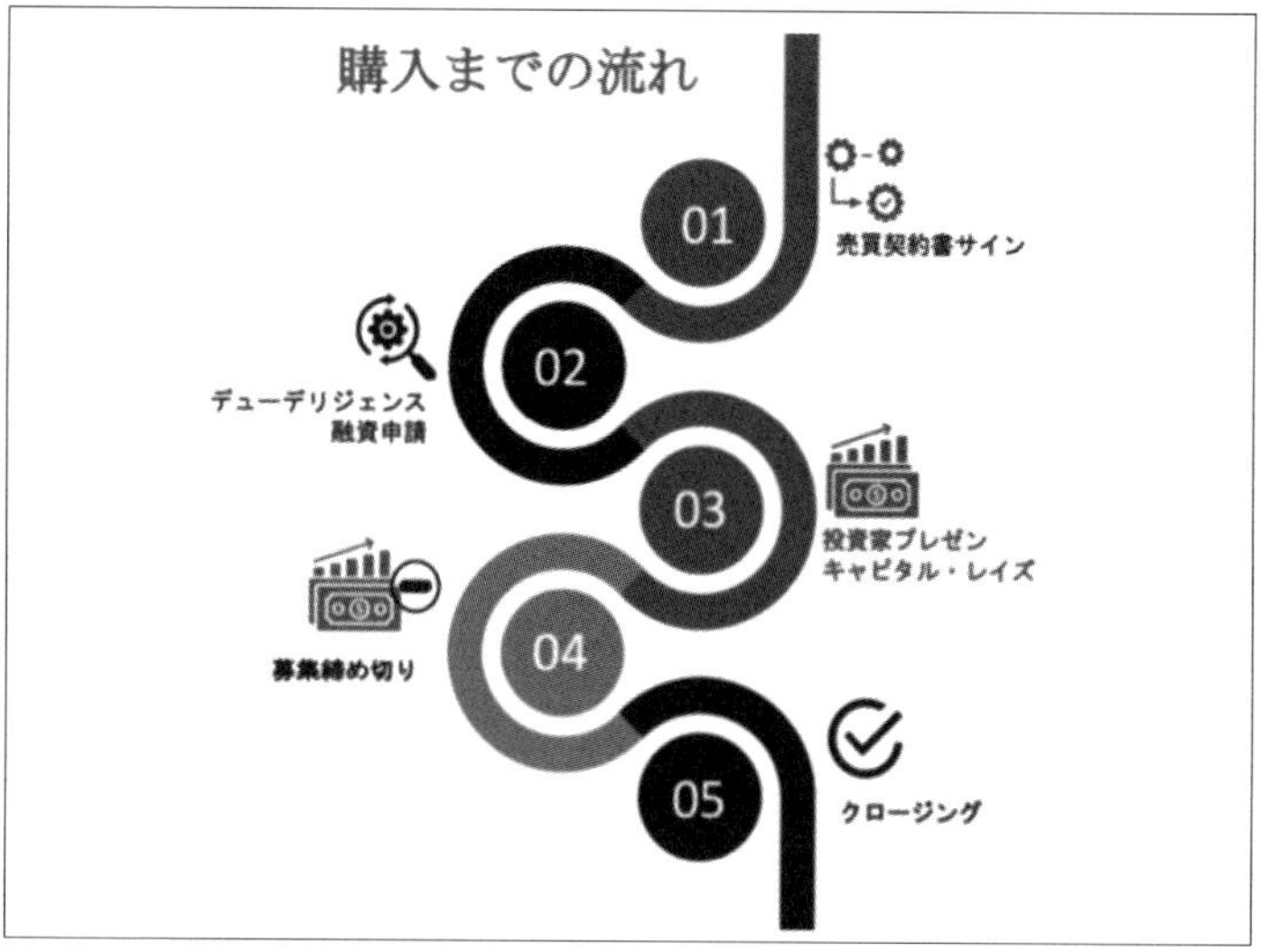

ます。デューデリジェンス後、クロージング（決済）まで40日間ほどなので、キャピタル・レイズ（資金調達）は遅くともクロージング（決済）３週間前までに完了していることが望ましいです。

逆算するとほんの２～３週間でキャピタル・レイズ（資金調達）をしなくてはいけません。投資家にとっては投資案件情報を見てから、数週間という短い期間で投資決断をすることになります。ＬＰ（リミテッド・パートナー）投資家もそのスピード感には慣れていますので、大半の投資家は投資案件紹介プレゼンテーションを見て数日で投資決断をしてくれます。

クロージング日が迫る中、融資に問題発生

この物件はこんなエピソードがありま

した。購入価格が23ミリオン（23億円）だったので、エージェンジー・デットの他にPreferred Equityもキャピタル・スタックに入れていました。

トロント（カナダ）、ニューヨーク、フロリダ、テキサスのエクイティー・ショップからオファーをもらい、検討した結果ニューヨークのエイクティー・ショップから調達することが決まっていました。

そこからの調達金額は約3ミリオン（3億円）でした。その他20ミリオン（20億円）はなんとかすべて調達が完了して、あとはこの3ミリオン（3億円）を待つのみとなったときでした。

メイン融資がフレディーマックのエージェンシー・デットだったのですが、彼らは融資審査の際、キャピタル・スタック全ての属性までチェックします。

ここで問題が発生しました。エクイティー・ショップと僕たちの間で交わされている契約書に難色を示したのです。

要は、元々僕達がエクイティー・ショップから聞いていた投資条件や投資実績と、彼らの実際の投資条件や投資実績に違いがあったのです。フレディーマックは投資条件の変更を求めましたが、エクイティー・ショップはここにきて態度を変え、条件の変更に応じません。このままではクロージングできない可能性が出てきたのです。

クロージング日は刻一刻と迫っている中で、とてもスリリングな状況です。なぜなら、返金の効かない手付金やデューデリジェンス費用など含め、すでに、50万ドル（５０００万円）以上のコストがかかっています。もしクロージングできなければ、それらの費用はすべて、水の泡です。

僕は毎朝、家の前に御神塩をまいて厄払いを済ませた後、１日中、フレディーの融資審査員会や担当弁護士などとミーティングを重ね、なんとか打開策を探していました。この時点で他のエクイティー・ショップに切り替えるのは時間的に無理だったので、その他どんな方法があるか、考えられるすべてのオプションを探りました。

日本の大物投資家に短期融資を依頼

結局、このニューヨークのエクイティー・ショップは信用ができないという結論に達し、僕達は恥を忍んで日本の大物投資家に短期融資をお願いしました。もうクロージングが1週間前に迫る中での出来事で、とても頼みにくい話でしたが、とにかく頭を下げて（電話なので見えませんが）、60日間の短期融資を依頼したのです。

その方はとても器量の大きい方で、「日本人が困っているのに助けない訳にはいかない！」と言って、なんと1ミリオン（1億円）以上の融資を数日で決めてくれました。その他２ミリオン（２億円）弱は僕達が必死で工面し、なんとか必要金額をクロージング当日までに準備することができました。

日本人投資家の1ミリオン（1億円）を超える短期融資がなければ、クロージングできなかったと思います。この融資が決め手となり、無事物件を取得することができたのです。

日本人同士の助け合いに涙

なんともドラマのようなハラハラドキドキ、そして感動の展開でした。このとき、本当に日本人同士の助け合いが、心の奥底まで沁み、気づくと涙が出ていました。

華僑やユダヤ人は世界に散って各国でビジネスを展開し大成功していますが、その裏には強力なネットワークでの情報共有や助け合いがあります。その点、アメリカにいる日本人のネットワークはあまり確立されておらず、助け合いがしにくい状況だと思います。

そんな中、「日本人として日本人を助ける！」と、当たり前のように手を差し伸べてくれたことにとても感動しました。ましてや、クロージング数日前だったのでアメリカ国内では、どこを当たってもそんな短期で高額融資を引き受け送金実行できる人はいなかったと思います。

僕達はクロージング1週間前に、急遽プリファード・エクイティーからプライベート・エクイティーに資金調達の舵を切ったわけですが、僕達の意地もあり、クロージング後2週間で100％ファンディングに成功し、短期融資の返済もすぐに実行しました。

売主のテナント奪いに、訴訟で対抗

苦労して取得できた物件はとても優秀で、取得後4か月で配当をスタートさせることができましたが、今度は売主とバトルがありました。

売主は近隣にポートフォリオとして売却予定だった物件を2件まだ保有していて、僕達が取得した物件からのテナント奪いが始まったのです。「新オーナーは家賃を上げてくるから、その前にうちの物件に引っ越してください」などと吹き込み、40テナントほども奪っていきました。

やっていることが横暴で、何度も弁護士を通して正式に警告したのですが、止める様子がありません。弁護士と相談したところ、これ以上続くようであれば訴えるしかないとのことで、なんと訴訟することとなったのです。訴訟後、テナント奪いはようやく止まりました。

僕は常に良識を持って正当なビジネスを堂々としていく、そして業界で知名度と評価を上げていくように心がけています。しかし、ナメられて、好き放題されたときは、断固とした態度で対抗しなくてはいけません。なんともアメリカらしい、商用不動産投資クロージングのエピソードでした。

物件クロージングで得たリターンと今後の使い道

今管理している物件に長期保有のキャッシュフロー物件、数年で売却予定の短期バリューアップ物件、その中間のバリューアップ後、キャッシュフローを数年とる予定の中期保有物件があります。どの物件も紆余曲折がありながらも、今回のコロナ・ショックを乗り切りつつあり、順調に稼働しています。

これらの物件から得たリターンをどうするかというと、もちろん不動産に再投資をしていきます。投資のスタンスとしては、短期（2～3年）、中期（5年まで）、長期（5年以上）とポートフォリオを組んでいき、そのポートフォリオをマーケットサイクルのタイミングで入れ替えて調整していく予定でいます。

その他には、商用不動産投資に関わる委託業務を社内でできるような仕組みづくりや、不動産投資のＩＴ化なども手掛けていきたいと考え、それらのビジネス化も検討しています。

投資で得られたキャピタルは腐らないよう、どんどん次の投資に回し循環させていきます。そのような投資活動を通して不動産投資を少しでも多くの人に、より簡単にできるようなシステムづくりに貢献できればと思っています。継続的に資産形成して盤石な基礎を固め、将来的にはさらに大きな投資ができるように活動していければ最高の人生だと思います。

2　物件紹介

Garden Style の物件紹介

ここで、保有物件の一部をご紹介したいと思います。アメリカＢクラスのマルチ・ファミリー投資をもう少し具体的にイメージしていただけると嬉しいです。

僕が投資しているのは、Suburban（都心から少し離れた住宅街）の Garden Style（2～3階建）が殆どです。これがアメリカではとても一般的なスタイルのマルチ・ファミリー（マンション）となります。

その他 Infill（都心）の High Raise（高層マンション）もあります。今後チャンスがあれば手掛けたいと思っていますが、投資額が高額になってくるのと、キャップレートがGarden Styleに比べ低い場合が多いなどの理由で、現在は投資対象としていません。

タウンハウスのファミリー向け物件

【実例１　図表18】

購入価格：$3.75M（３億７５００万円）
売却価格：$6.7M（６億７０００万円）
年率リターン：37.9%
総合投資リターン：252%

こちらはテキサス州フォートワース市郊外のCクラス物件です。タウンハウス・スタイル（全戸２階建）のファミリー向け物件でした。

こちらは２年保有時、リファイナンスして当初の投資額をすべて引き出した後、無限リターン状態で２年保有し、合計４年間の保有で売却しました。

保有期間中は、リーシング・オフィスのリノベーションを実施したり、倉庫だったスペースに２ユニット（戸）追加し、87戸から89戸に戸数を増やしたりしました。中々よいバリューアップです。

その後は空室が出る度に順次、内装リノベーションをして賃料アップをしていきました。とても優良物件でしたが、当初リザーブしていたリノベーション費も使い切り、マーケットがエグジット

〔図表18　Woods of Haltom　ダラスエリア　89室〕

にはよいタイミングだったこともあって、保有期間４年で売却しました。

ダラス市郊外のファミリー層の物件

【実例２　図表19】

購入価格：$15.21M（15億２１００万円）
現在査定価格：$20.24M（20億２４００万円）
現時点でのキャピタルゲイン：$5.02M（5億２００万円）

こちらはテキサス州ダラス市郊外の物件です。エージェンシー・デットがついていたのでアサンプション（既存ローン引き続き）し、サプリメンタル・ローン（２つ目のローン）を上積みして購入しました。

ＣからＢクラスへのリポジショニングとその後のキャッシュフローもしばらく取っていく、ハイブリット型の投資戦略です。

リーシング・オフィスとプールエリアを大々的にリノベーションし、フィットネスジムも新設しました。これでアミティーとしては堂々とＢクラスと言えるレベルまで上げました。

内装リノベーションにもかなり力を入れ、賃料が取得当初と比べ、３５０ドル（３万５０００円）上がっています。すでにサプリメンタル・ローンを引いて、売却時、次の買主がサプリメンタル・ローンを再取得するのは難しいので、早期返済のペナルティーが少なくなるまで、あと数年間保有する

〔図表19　Tesoro at 12 ダラスエリア　184室〕

予定です。早期返済ペナルティー負担が少なくなった時点で、新規ローン物件として売り出す予定です。

最近コロナの影響がある中でブローカーに評価してもらったところ、20ミリオン（20億円）で売却可能との返事をもらいました。すでに5ミリオン（5億円）程度バリューが上がっていることになります。ダラスは雇用と人口の伸びが引き続き堅調なので売却する頃にはさらに上がっていると予想されます。

短期バリューアップ物件

【実例3　図表20】

購入価格：$16.7M（16億7０００万円）
現在査定価格：$25.9M（25億９０００万円）
現時点でのキャピタルゲイン：$9.2M（9億２０００万円）

こちらは短期バリューアップ物件です。Cクラスからβクラスへのリポジショニングをしています。

アリゾナ州フィネックス市にある物件ですが、雇用、人口の伸びがダラスととても似ています。カリフォルニアでのビジネス継続が難しくなっている企業の移転先として人気で、Maricopa County（マリコパ郡）は過去3年間、人口増加率が全米ナンバー1の郡となっています。

〔図表20　Flats at 2030 フィネックスエリア　236室〕

この物件はダウンタウンからほど近く、再開発の波が来ているエリアになるので、Ｂクラスへのリポジションニングが可能となっています。

現在近隣のコンプス物件がリスティングされたのですが、価格が1戸あたり13万ドル（１３００万円）となっていました。これを元にこの物件バリューを算出すると30ミリオン（30億円）となり、なんと13ミリオン（13億円）もバリューアップした計算です。

これはかなり楽観的数字ですので、そこまではいかないかもしれませんが、かなりバリューアップしている事に間違いはありません。こちらは短期投資戦略なので、来年マーケットの状況がよければエグジットの予定です。

長期保有のキャッシュフロー物件

【実例４　図表21】

購入価格：$23.35M（23億３５００万円）
現在査定価格：$25.08M（25億８００万円）
現時点でのキャピタルゲイン：$1.73M（1億７３００万円）

こちらは長期保有のキャッシュフロー物件です。テキサス州ヒューストン市にある物件で主にラテン系の方が多いエリアに位置しています。国際空港近くということもあり、再開発が進んでいるエリアです。

〔図表21　Los Prados ヒューストンエリア　264室〕

大手投資会社がエクソンモービル・ビルを買収してＡクラスにリポジショニングをしていたり、その隣のヒルトンホテルがフルリノベーションを開始したりしています。

また、新しい工業パーク開発がそのすぐ近くで行われており、コカ・コーラの新工場やアマゾンの流通センターなど新しい工業施設が続々と誕生しています。

ヒューストンはダラスとほぼ同じペースで雇用と人口が伸びており、あと10年でシカゴを抜いて全米３位の都市となる見込みです。

もともとオイル関係が強いので、あらゆる人種が住んでいて、ダラスよりも多種多様な人種がいる印象です。

近年は市の政策でメディカル、工業化学などオイル以外の産業も伸ばしており、オイル産業だけに頼らない、複数産業がある安定的な経済圏を形成しつつあります。

◇もう少し詳細を知りたいという方へ

以上、実際の案件を４つ紹介させていただきました。

より具体的にイメージができたでしょうか。

もし、案件の詳細や写真をもう少し見てみたいという方がいらっしゃいましたら、左のリンクからご覧いただけますので、是非覗いてみてください。

https://ezo-capital.com/residential/

〔図表22　最新の物件紹介　ヒューストン郊外　228室〕

第8章

コロナ後に迎える世界はチャンスであふれている!

1　アフターコロナ、時代の変化がチャンスを生む

アメリカで学んだ投資の知識や成功を伝えたい

本書の執筆を思い立ったのは、コロナの影響を受けて家で過ごすことが多くなった時期です。今まで突っ走ってきて忙しかった毎日から一旦立ち止まり、これから自分が本当にやりたいこと、また、やるべきことは何かと考えを巡らせていました。

僕はアメリカに25年住んでいますが、祖国日本が大好きです。日本のよいところをたくさん知っています。ただ、外から見ていると、それ以上に日本の悪いところが目立っていて、本当は実力があるのにくすぶっている、今の状況をとても歯がゆく感じていました。

僕1人の力では何もできないと諦めるのではなく、自分にできることを、微力でもいいのでやってみようと思ったのです。その1つとして、僕が今までアメリカで学んだ投資の知識や成功学を日本語で伝えることで、少しでも日本に住んでいる方の資産形成に役立てるのではないかと考えました。

コロナ騒動で世界の流れが急速に21世紀型に突入する

僕の中で1つ確信を得たことは、このコロナ騒動で世界の流れが急速に21世紀型に突入するとい

うことです。

19世紀に産業革命が起こり、イギリスが世界の富を獲得しました。20世紀に入り、１９２０年後半の世界大恐慌以後、今度はアメリカが大量生産、大量消費で超大国となりました。21世紀は産業革命以来の革命、情報革命で時代が変わると言われ続けてきましたが、２０１９年までは20世紀の名残を残した21世紀だったと思います。

しかし、このコロナ騒動をきっかけに、これからが本当の意味での情報革命のスタートになります。20世紀初頭に台頭したアメリカのロックフェラー家のように、21世紀の大起業家になれる大きなチャンスが今まさに到来しているのです。

２００年に１度のパラダイムシフトが到来

何を言っているんだ、すでにGAFA（グーグル、アマゾン、フェイス・ブック、アップル）が牛耳っていて、もう遅いじゃないかと思う方もいるかもしれません。

しかし、アメリカの19世紀終わりから、20世紀初頭までは鉄道などインフラ関係の産業が伸びましたが、それで終わりではありませんでした。その後、20世紀にはそのインフラを利用して爆発的に成長した企業が山ほどありました。

GAFAは21世紀に必要なインフラだと思っています。ようやくインフラが揃いました。これからがそのインフラを使い倒して様々なビジネスを展開できる基礎ができたと考えるとどうでしょうか？　始まったばかりの世界で無限の可能性があると感じませんか？　これこそが200年に1度のパラダイムシフトだと思っています。

インフレになり、投資資産が値上がりする

まず、投資の観点で追い風になるのが、資産インフレです。

コロナ・ショックで各国が、経済支援、救済策として、たくさんのお金を刷りました。それによって世の中のお金の量は激増しています。お金の量が増えるということは、通貨価値が減る、いわゆるインフレとなることを意味します。

これはいつも起こることで、2008年の金融危機の後、アメリカを筆頭に世界中で量的緩和が行われました。その後起きたのは、株や不動産の資産インフレです。

アメリカでは生活する上での物価も少々上がりましたが、こちらは限定的です。たくさん刷られたお金は実体経済まで降りて来ないで、金融市場で溜まるからです。

そして金融市場で溜まったお金が投資資産に流れ込むのです。そうすると株や不動産の需要が増えるので資産価格が上がります。これが、リーマンショック後、資産家が大きく資産を増やしたカラクリです。

今回もかなりお金の量が増えました。このお金はまた投資資産に流れ込み、資産インフレを起こすと思います。

投資の世界はロケットスタートできるチャンス

景気の見通しが不安定なときは、恐怖心が強くなって投げ売りするオーナーが増えたり、強気で購入する投資家が減ったりするため、資産価値が一時的に落ちると予測しています。このようなときは絶好の買いチャンスでもあるのです。おそらく10年に1度レベルのチャンスとなるでしょう。

歴史はいつも繰り返します。しばらく不安定な時期があると思いますが、それを抜けると米国不動産もまた、大きく上がるでしょう。それを見込んで、僕はどんどん不動産を買っていく予定でいます。

金・銀など貴金属アセットも大きく上げると思います。理由は通貨価値が下がってしまう前に、資産を守ろうとする人が価値の下がらない貴金属に投資するからです。

また、新しいタイプの投資資産も価値を大きく上げると思っています。ビットコインはデジタル・ゴールドと言われるほど、信用力を上げて来ています。情報革命時代にマッチしたデジタル資産だと思います。

僕も5年ほど前から少額ですが銀とビットコインに投資をしています。今後はこれらの資産も買い増していく予定です。投資のチャンスがそこら中にあふれていて、これから投資や起業を始める方には、まさにロケットスタートできるチャンスです。

このチャンスを掴めるか、掴めないかで、今後の人生に大きな差が出てくると思うので、読者の皆さんにも是非チャンスを掴んでもらいたいです。

アフターコロナを見越してレストラン開業などもチャンス

投資以外でも、様々な業界でチャンスは溢れています。例えば身近なところだと、レストラン開業もチャンスだと思います。

僕の住む街に内装費を1ミリオン（1億円）近くかけて2年前にオープンしたレストランがありましたが、今回店をクローズすることになりました。開店が2年前なので内装、設備ともにまだピカピカです。

この店は今、居抜きでリースに出ているので、不動産屋に連絡してリース契約を交わすだけで、内装工事費がタダでレストラン開業することができます。開業費を使わず、1ミリオン（1億円）のお店を手に入れられるとなると、ものすごいチャンスだと思いませんか。軌道に乗れば数か月で初期投資を回収できてしまいます。

もちろんしばらくはコロナの影響で客足は少ないかもしれませんが、ワクチンが出ればコロナも終息し、人がまた来るようになります。その間の経営工夫や、運転資金の確保をしておけば問題ありません。レストラン開業を狙って準備を怠らなかった人にとっては物凄いチャンスだと思います。

レストランを例に挙げましたが、このようなチャンスが今、多くの業種でたくさん転がっていると思っています。ホテル業界でも同じことが言えるでしょう。残念ながら廃業となるリゾートホテルなどを、ロケーションがよければ低価で買い取り、高級リゾートホテルとして蘇らせるプロジェクトなど、面白そうだと思っています。

2　情報フィルタリングで時代の波に乗る

時代は変わった、国や企業から卒業しよう

この時代の変化をどれだけ早く実感して受け入れられるか。そして自分が時代に素早く適応して変わることができるかが、これから成功する人と、そうでない人との分かれ道になると思います。僕自身も時代の波に乗っていけるよういつも心がけています。

情報格差もどんどん広まります。いまだにマスメディアのポジショントークばかり聞いて洗脳されている人と、信頼できる専門家を探し、その方々のブログやYouTubeなどから良質な情報（真実）をとっている人では、大きな差が生じるでしょう。

僕は、脳は体と一緒だと思っています。健康によいものを食べれば健康な体を保てるように、脳も、良質な情報を入れれば、時代の流れがわかるようになり、ジャンク情報に振り回されなくなります。自身の知識がブラッシュアップされて、よいアイデアが出るようになります。そして、常にポジティブで健康的な精神状態でいられるようになります。

逆に、マスメディアが発信するようなジャンク情報ばかり入れていると、その情報に振り舞わされ、恐怖心が芽生え、気が滅入ってしまいます。

テレビはスポンサーの都合がよいことしか言いません。また、恐怖心を煽ると視聴率が取れるの

で、恐怖心を煽る情報が多くなってしまいます。僕はワイドショーを1分間見ているだけで、その情報レベルの低さにイライラが止まりません。

これからは、どんな情報をインプットするか自分自身でしっかりフィルターできるようになることが、とても重要だと思います。

情報フィルタリングのスキルを身につけよう

フィルタリングにはそれなりのスキルが必要です。フィルタリングがうまくなるコツとしては、自分が信用できる人や、自分と近い考えの人をまずはフォローすることです。そうしていくうちにその人の考えを深く理解できてきます。

そして、その考え方と他の人の考えを比較し、自分が正しいと思う思想をつくっていきます。自分に近い思想の情報グループや自分から離れた思想の情報グループなどの情報をグループ化できれば、情報フィルタリングが簡単にできるようになっていくと思います。

このスキルを身につけるのも慣れだと思うので、毎日、意識して情報インプットしてその情報を自分なりに消化することを繰り返せば上手くなっていきます。

僕の場合、NewsPicsと自分がフォローしている人達のYouTubeから殆どのニュースや情報をとっています。この情報ソースの選択で既にある程度フィルターがかかっている状態となっています。

そこから気になる部分は検索して深掘りします。その際は、反対意見の人達の情報も入れバランス感覚を保ちながら自分なりの考えをまとめているイメージです。

情報インプットの質を高め、本当の時代の流れを見る

このように情報インプットの質を高める意識をするだけで、かなり時代の本当の流れが見えてくると思います。

当たり前のように会社勤めし、生活費を切り詰めてメディアが誘導する商品を買って散財し、将来への投資もできないような負のスパイラルに陥る人がいる一方で、常に上質な情報をインプットして時代の流れに乗っている人はチャンスを掴み、ビジネスや投資が上手くできるようになると思います。

会社に頼らなくとも収入源をつくることができれば、会社依存から抜け出せます。その収入源を大きくして継続性のある形にできれば、老後、年金に頼らずとも生活できるようになります。もしまだ、負のスパイラル・トラップにハマってしまっているならば、なるべく早く、そのトラップから抜け出せるようにすぐ準備をしてください。会社組織のような小さい世界から抜け出せば、脳が柔軟になり新しいアイデアが出やすくなります。

誰にも縛られずに好きなことをする、これこそが情報革命時代の新しいライフスタイルだと思います。情報があれば、最小の努力で、いきたいステージや、やりたいことに最短距離でたどり着けるよい時代になったと改めて実感します。

3　世界のスタンダードを知る

バングラディシュの会社に10分の1のコストでwebサイト作成を外注

オンライン・ツールや英語を使いこなせれば、ビジネス効率を上げて競争力を高めることができます。

逆にこれを使えないと競争力を保てず、ビジネスの成功確率が下がるということです。

先日、僕の会社のウェブサイト作成をUpworkというサイトを通してバングラディッシュのウェブ制作会社に頼んだのですが、料金はたったの350ドル（3万5000円）でした。

考えられますか？

日本やアメリカで頼めばおそらく安くても数千ドル（数十万円）はするはずです。10分1程度でできてしまいます。

日本にいると実感がないかもしれませんが、日本の企業や個人もこの世界のスタンダードに合わせなくてはいけない時代がすぐにやってきます。

10分の1の価格で同じサービスを提供する競合が出てきたら、勝負するまでもなく即死してしまいますよね。

そうならないために、今から準備が必要だと思うのです。

日本の一番のボトルネックは言葉の壁

この世界スタンダートから、日本が遅れを取っている一番のボトルネックはやはり言葉の壁です。英語で出ている情報が日本人には入ってこないので、英語圏、いわば世界で起きていることや、世界の流れがつかめず、日本語圏内で起きていることや常識など狭い範囲内でしかビジネスの組み立てができません。

その狭い世界でつくったビジネスモデルを英語圏に出すと、ピンボケしている写真のようで、人々に刺さりませんので上手くいきません。まさにガラパゴスです。

ガラケーと言いますが、携帯電話に限らず、日本のたくさんの製品やサービスがガラパゴス化しているのです。

だから楽天など日本ではトップクラスのオンライン会社も、海外ではほぼ全滅です。

一方のアマゾンは世界制覇する勢いです。楽天とアマゾンは同じ時期に同じようなコンセプトで始まったオンライン会社ですが、今の会社規模を見てみてください。楽天の時価総額が1・5兆円程度に対しアマゾンは1・5トリリオン（150兆円）です。100倍もの差を付けられてしまったのです。

自分は無理でも、子供達には絶対に英会話を習得させて欲しい

かといって、もしあなたが40代・50代であれば、今から英語の勉強をしたほうがよいとも僕は思

〔図表23　格安で作成できたウェブサイト〕

いません。

日常会話程度ならまだしも、ビジネスで勝つために役立つ英語力を身につけるのは、ものすごく大変です。

アメリカに20年以上住んでいる僕でも未だに練習しています。

その莫大な時間をビジネスや投資を伸ばすことに使ったほうが効率もよいし、短期でアウトプットが出せると思うからです。割り切って日本語圏内でビジネスをして、翻訳アプリの進化を待つのが得策と考えます。

ただ、子供達には絶対に英会話を習得させていただきたいです。

翻訳アプリがある程度解決してくれますが、話せれば言葉のニュアンスなど相手を深く理解できるので、話せるのに越したことはありません。

第9章

個々の時代は好きなことをして収入を得よう！

1　日本復活のポイントは、英語教育とイノベーション力

日本の国力は大きく下がっている

僕がアメリカに来た頃は、日本は明らかにアジアでトップでした。ただ、ここ20年で本当に日本の国力が落ちています。未だに日本はアジアトップクラスだと勘違いして何もしないでいると、大変なことになると思います。

ＩＴインフラの世界では、中国にはもう追いつけないほど差をつけられてしまいました。特許数などを見ると韓国にも負けています。

１人当たりのＧＤＰを見ると、僕がアメリカに来た年の１９９６年、日本は世界第3位でしたが、２０１９年には23位まで落ちています。シンガポールや香港には完全に負けていて、韓国もすぐ後ろに迫ってきています。なんと言うことでしょう。皆さんにはここまで国力が下がってきている実感がありますか？

もはや日本は新興国レベルの「安い」国

デフレがこんなに長い間続いている国は、先進国では日本以外、見たことも聞いたこともありません。日本国民は他国に比べ、厳しい暮らしを強いられているのです。

僕がアメリカ留学した当時は、アメリカは物が安く驚きました。貧乏留学生にとってはありがたかったですが、不動産、食費、衣料、ガソリンなど本当になんでも安いと思っていました。

最近では、日本の安さに驚きを隠せません。牛丼が４００円とかワンコインランチなど、信じられません。アメリカで同じようなランチをすれば15ドル（１５００円）ほどかかるでしょう。

一昔前、日本でも物価の安いマレーシアやタイなど東南アジアで年金を使ってリタイアしよう、みたいな動きが流行りましたが、アメリカから見ていると、まさに日本がその当時の東南アジアのように見えます。僕も事業で失敗したら、少額の資金を握りしめて日本で再起をはかろうと思ってしまうほどです。

没落の一番の原因は、やはり英語ができないから

なぜ、日本はそこまで落ちてしてしまったのか。一番の原因は、やはり英語ができないからだと思います。

もしあなたが10代や20代で大きな目標があるならば、ぜひ今のうちに英語を勉強してもらいたいですし、やはり一番重要なのは、未来を担う子供達へ、実践で使える英会話教育をすることです！

僕も日本人で日本が大好きです。どうにかして日本は世界で活躍できる国として復活してもらいたい。

これができれば10年でかなり日本は世界の中で存在感を取り戻せると思います。考えてみてくだ

さい、今の中高大学生が10年後、英語を使える社会人となって活躍すれば、絶対日本はよい方向に変化をしていくと思います。

日本の企業の多くがアメリカより10年以上遅れている古い体質

日本の国力が落ちたもう1つの理由は、日本企業の多くが、未だにアメリカより10年以上遅れている古い体質のままだということです。年功序列で上がってきた能力のない上司がいて、組織の動きが遅く、前例のない新しいことに挑戦できない。心当たりありませんか？　これは外から見ると末期の状態と見えます。

ただでさえ世界で遅れをとっている日本企業です。今後はさらに世界の競争にさらされていきます。そんな厳しいマーケットで勝ち抜くための組織づくりには、時間がかかります。もし今からトップが必死で変えようと思っても、組織が変わる前に自滅する会社も出て来るでしょう。

もしそのような旧態依然の企業に勤めている方がいれば、まずは真っ先に勢いのある会社への転職をおすすめします。そして将来的には独立を目指して欲しいと思います。自分で動いてスキルを磨き、何があっても転職なり独立なりできる人であれば生き残れますが、沈みゆく会社にしがみ付いて本当に会社がなくなったとき、路頭に迷うのはあなた自身です。

そうなってしまったら、残るは生活保護や今後導入されるかも知れないベーシックインカムに頼るしかありません。最低限の生活を強いられてしまうのです。

日本人は「かけ算」のイノベーションが得意

日本人は「かけ算」のイノベーションがとても上手です。明治維新のときや、戦後の高度成長のときにも、西洋の技術や文化をものすごいスピードで技術を吸収し、日本人ならではのアレンジを加えて発展させてしまいました。

窮地に陥ったときはいつも、このかけ算で敗者復活のごとくピンチをチャンスに変えて乗り越えて来たのです。今後もそれが復活の鍵となると思います。

一昔前は、日本初のイノベーションの嵐でした。ソニーがウォークマンを開発し、ホンダが遊び心満点の折り畳みスクーター付き自動車をつくり、携帯メールや携帯テレビのような機能も、実は日本が世界で一番早かったのです。

ＩＴインフラの世界ではアメリカや中国にものすごく差をつけられたので、それを追随しても意味がありませんが、それを使って新しい物をつくることはできるはずです。

スティーブジョブスが実践していたConnecting the Dots『一見関係ないと思う点と点を結ぶと線になり立体化する』という考えも、これに似ています。

彼は「コンピュータ×アート×禅」で、デザイン性に優れて、余計なものを排除し、洗練されたアップル製品を創り出しました。クリエイティブもかけ算の要素が多いのだと思います。

配車サービスのウーバーはグーグルマップやＧＰＳを使って、ドライバーと乗客をつなげるアプリをつくりました。これもかけ算です。「ＩＴ」「銀行」「分散型資本主義」をかけ算して、ペイパルをつくったり、「新エネルギー」「自動車」「ＩＴ」をかけ算してテスラをつくったり、シリコンバレーでゼロからイチをつくるようなイノベーションも、実は点と点を繋ぐかけ算だったのです。

本来日本人の得意技であるかけ算で世界に通用する商品やサービスを生み出したら、これからユニコーンとなる可能性を秘めています。

2 個々の時代だからこそ、チームプレーが大切

どんなビジネスも「チームスポーツ」

実は僕も今、投資とＩＴをかけ算したアプリ開発の準備をしており、これはすでにアプリ・ローンチ経験のある優秀な人たちとチームを組んで取り組んでいます。この、「チーム」で取り組むというのも、１つのヒントとなると思います。

不動産はチームスポーツと言いましたが、実際どんなビジネスも「チームスポーツ」だと思いますし、ビジネスは「ゲーム」だと思っています。そうなると、能力のあるプレイヤーを正しいポジションに置いて強いチームをつくるのが大切です。

ここでつくるチームの組織は限りなくフラットです。上司、部下はいません。ＣＥＯも監督というポジションの役割を果たしているだけで、上司という感覚はありません。集まるメンバーは会社の社員ではなくプロジェクトベースで集まる「専門スキルを身に付けた個」なので、プロジェクト

が終わると、また次のプロジェクトへと散っていきます。

このような仕事の仕方がこれらの組織の形の参考になると思います。非常に効率的で流動性があります。コロナ後の情報革命時代にとてもマッチしているし、これからこのようなスタイルが増えて行くと思っています。

求められるのは専門性の高いスキルと幅広い知識

このチームづくりも、ある意味かけ算に近い考えだと思っています。

一見関係ないと思った業界のプロフェッショナルとプロジェクトを立ち上げて、チームとなってゲームに挑むのです。そこでまず求められるのは、専門性の高いスキルです。そして、専門以外もビジネス全般の広い範囲の知識が必要となると思います。

チームメンバー全員が起業家で、会社経営ができるほどのビジネススキルがあるのを前提として集まっているので、当然といえば当然です。

世界を見るために足を運ぼう

世界に通用する何かを、世界の優秀な人材とチームをつくって挑戦しようと思うと、やはり世界を肌感覚で知っている必要があると思います。世界中を回れればそれが最高ですが、そこまでの時間やお金は中々ありません。でも世界中から人が集まっている所に行くくらいはできると思います。

僕的にはカリフォルニアはそういった意味では世界最先端の場所だと思います。本当にいろんな人種が集まっていて、人種差別を感じることもほとんどありません。お互いに尊重し合い共存しているのです。世界平和を目指すにはベンチマークになる土地だといつも思っています。

肌感覚で世界の人達のビジネスに対する意識や、生活で求めている「物」や「事」を理解できれば、ガラパゴスになるのを避けることができると思います。

それから日本でビジネスを立ち上げてもいいですし、ネット環境さえあれば基本はどの国でも仕事はできます。もっと踏み込むと、各国の税制やビジネス運営コストを比較して起業する国を選べばさらによいと思います。

僕はアメリカに20年以上住み、ほとんどの州にも行っているので、正直なところアメリカに少し飽きています。どこかのタイミングで日本や東南アジアに進出したいと考えています。その際はどこにビジネスの拠点を置いて、どこに生活の拠点を置くかは、じっくり考えたいと思います。

3　経済的自由を得て、思いっきり楽しもう！

ここまで、アメリカ商用不動産を中心にお金や投資の話を書いてきました。僕が経済的に独立した方法は、アメリカ不動産投資でした。アメリカ不動産がなぜよいのかは、十分理解していただけたと思います。

アメリカ不動産はキャッシュフローと資産形成の両方が得られる

繰り返しになりますが、アメリカ不動産の投資としての魅力は、キャッシュフローと資産形成の両方ができることです。アメリカマルチ・ファミリー投資だとCash on Cash（投資額に対してのリターン）が10％近く出る物件が結構あります。

また、売却時にキャピタルゲインを得られるので、総合リターンを年率計算すると20％ほど出る物件が結構あるのです。投資原資を20％で回せるので、年間支出が5万ドル（５００万円）だとすると、約25万ドル（２５００万円）あれば、投資利益で生活できることとなります。

節約してでも投資原資を貯めて、なるべく早い段階で投資を始める

もし読者の皆さんの中で、まだ投資を始めていないのではあれば、経済的独立に向けてぜひ始めの一歩を踏み出してください。すでにまとまった貯金があればそれを投資するか、まだ、まとまった投資原資がなければそれを用意できるよう、まずは貯金を始めてください。スタートはどこからでも大丈夫です。

僕も銀行口座が０円の状態から、億単位の資産形成をすることができました。

今ならば僕のような投資の失敗と成功を重ねてきた人達をメンターとすることで、最短で経済的独立を達成できる道があると思います。

まずは節約してでも投資原資を貯めて、なるべく早い段階で投資を始めれば、複利の力も利用で

きて、より早くファイナンシャル・インディペンデンス（経済的独立）を実現できます。

５万ドル（５００万円）を複利も利用して20％で回すと、９年間で25万ドル（２５００万円）の資産形成ができる計算になります。

これはあくまで計算上の話で、現実のリターンにはアップダウンがあります。しかし、十分に実現可能な数字ではないでしょうか？　そこまで行けばその資産を切り崩さなくても、１年当たり５万ドル（５００万円）の収入を投資から得られ続けるようになります。

実際、僕もこのような方法で資産形成をしています。さらに規模を徐々に大きくできれば、老後だって企業や国からの年金に頼らなくても、投資からの収入で生活していけるようになります。

自分なりのビジョンを持って企業や国から独立し、自由に生きる

このような資産形成ができれば、サラリーマンのように週40時間も束縛されることもないので、自分の時間を自由に使うことができます。その時間を使って、さらに投資の勉強をしたり、やりたいビジネス立ち上げて、ビジネスを通じて社会貢献したりできます。

僕は不労所得という言葉があまり好きではありません。なぜなら、投資をするにも、家賃収入を得るにも、投資案件を探し、吟味して、それを運営する訳で、そのために時間や頭を使います。

そもそも投資原資を貯めるのにもビジネスをしたりして時間を使います。また、投資はお金を増やすための魔法の方法ではなく、経済活動に必要な資金を提供して価値を生み出す助けをしている

と思っています。つまり、様々な形で頭を使い、時間を使って、価値を提供しているのです。

これを不労と呼ぶのは間違っていると思います。不労ではなく、違った形で働いているのです。僕は経済的独立や経済的自由という表現がしっくりきます。ぜひ皆さんも、自分なりのビジョンを持って企業や国から独立し、自由に生きてください。

やりたいことが山のようにある！

僕にはやりたいことが山のようにあります。投資アプリ開発、リゾート開発、アメリカ不動産投資、エンジェル投資家、ＤＪ、レストラン、フィットネスジム経営、飛行機操縦士免許取得、船上パーティーなど尽きることがありません。

北海道出身なので北海道のリゾート開発をしたいという夢もあります。そのリゾートのクラブでＤＪをできれば最高ですよね。みんなで思いっきり暴れよう！　本当にやったもの勝ちです。

ただ、１つだけポリシーがあるとすると、法律を守ることはもちろんですが、人としての倫理は大切にして行きたいです。要は倫理と法律を守った上であれば、破茶滅茶に暴れていいんです！

資本主義システムが健全に回り、より多くの人が豊かになるような生き金はドンドン使いたいです。思いっきり楽しみましょう。今後も、自分のしたいことをドンドンしていこうと思っています。

そんなことを考えていると、いつもワクワク感が止まりません（笑）。こんなワクワク人生を継続できれば最高だと思っています。

〔図表24　ドリームボード〕

ドリームボードでイメージ通りの人生を創る

「ドリームボード」をご存知ですか？　自分が目指す姿や場所を明確にするため、言葉や数字ではなく、達成したい目標を写真や絵で表すボードです（図表24）。

例えば、私の場合は家族との時間を大事にしたいので、家族写真を入れたり、キックボクシングのトレーニングをしたいので、プロファイターがサンドバックを蹴っている写真を入れたりしています。引っ越ししたければ理想の家の写真を貼ってみたり、投資でビルを買いたければ、欲しいビルの写真を入れて1枚のポスターに仕上げます。そのポスターを目につく頃に貼って、それを毎朝見てイメージを膨らませるのです。

え、本当にそれだけ？　と思うかもしれませんが、これを始めてから、毎年ほぼイメージに近いところに自分が進んでいるという実感があります。常に目標を意識できるので、思った以上にジワジワと効いてきます。

メチャクチャ簡単ですし、プリンターがあれば無料でできます。携帯の待ち受けや、パソコンのデスクトップ画像にしてもよいと思います。きっと皆さんが思っている以上の効果が期待できるので是非やってみてください。

運は自分の行動力で引き寄せ、気づき、掴む

さて、ここで是非やってみてくださいと書きましたが、行動を起こして、実際にやってみる方が読者の中に何人おられるでしょうか？

おそらく５％以下だと思います。

実は、このアクションを起こすか、起こさないかが、成功するかしないかの分岐点なのです。

僕は知り合いに、「運がいいね」と言われることがよくあります。

転職したとき、起業したとき、ダラスに越したとき、経済的独立を果たしたとき、その都度言われています。

でも、運とは誰でも持っているものです。

なりたい自分をイメージして毎日コツコツやっていると、それをやっていない人は見過ごしてしまうようなチャンスに気づくからです。

例えば今まで車に興味がなかったのに、免許を取って車を買おうと思ったら、急に道路で走っている車のメーカーやモデルが目に入るようになったというような経験が誰でもあると思います。

自分のなりたいイメージを持ち行動していると、そうなるために必要な「情報」、「案件」、「人」などに目がいくようになり、チャンスに気づくのです。それを掴んだ人は、必然だと思いますが、はたから見ると運がよく見えるのです。

だから運は自分の行動力で引き寄せ、気づき、掴めるのです。これは行動している人に平等に訪れると思っています。

どこでもスタートできる

日本の不動産事情、投資事情はアメリカと違うかもしれません。それでも投資原資を貯めて、投資の勉強を始めることは誰でもできるはずです。そうして前向きに行動できる人には自身にフィットしたよい投資方法が見つかるはずです。

できれは、なんらかのビジネスと投資活動を両輪でできる仕組みができるならば最強です。僕がやっているアメリカ不動産投資も日本から参加できるようにできないか模索しています。アメリカ商用不動産に日本から参加できれば資産形成の役に立てるのではと考えています。

ポスト・コロナの新時代にあった、自由で楽しい生活が送れるよう、今できることを今日から始めてみましょう！

あとがき

頭がよいわけでも学歴があるわけでもない、ごく普通の人間が書いた本を、ここまで読んでくださり、本当にありがとうございます。

こんな普通の僕でもゼロスタートから経済的自由を手に入れることができました。僕の夢は、日本人が世界で存在感を持ち、世界の人達にインスピレーションを与えられる存在になる手助けをすることです。「不動産」や「投資」を軸に、リゾート開発やベンチャー投資など通して、実現できれば最高だと思っています。

僕1人でできることは微力ですが、本書を読んで共感してくださった方々と、将来、一緒にプロジェクトに取り組むことができれば最高ですね。そんなことを考えているとワクワクが止まりません！

よかったら僕の会社のサイトやＳＮＳをぜひ見に来てください。

本の感想などを聞かせてもらえたらとてもうれしいです。

https://ezo-capital.com/（弊社ウエブサイト・グーグル翻訳で日本語変換可能）

https://www.facebook.com/yoshi.asano.5（フェイス・ブック）

https://twitter.com/Buy_Cash_Flow（ツイッター）

https://www.instagram.com/yosh.a.777/（インスタングラム）

日本人は感性が物凄く高いと感じています。「空気を読む」、など感性が高くないとできないです。また、創造力も高いと思います。まさに新時代に必要な能力を兼ね備えた人種です。ＡＩやロボットがドラえもんのように人間のよきサポーターとなり、僕たちは好きなこと、ワクワクすることを通じで、創造と感性の世界を切り開くことができれば、世界平和に繋がると信じています。

僕自身、本を読んで一番気をつけていることがあります。それはアプトプットすることです。本を読んで、そのときは新しい知識が付いた、元気が出たと思っても、行動しアウトプットを出さなければ、結局読んだ後の人生に変化が出てきません。

どんな小さなことでもよいので自分に関係があると思ったところを参考にしていただき、何からのアウトプットしてもらえたら、とても嬉しく思います。

そして、皆さんが皆さんにフィットした、それぞれのライフスタイルを手に入れ、ワクワク感と安心感がある日々を送っていただければ幸いです。

最後に、初出版で慣れないことばかりでしたが、そんな僕に出版の機会をくださり、ご協力いただいたセルバ出版の皆様、そして、僕の文章を根気よく直していただいた、ライターの加藤浩子様、本当にありがとうございました。皆様のご協力なくして、この本の出版は実現できませんでした。本当に感謝しています。

また、本書で登場する僕の人生の節目節目に影響を与えていただいた方々に、この場を借りてお礼をさせてください。ありがとうございます！　またお会いできる日を楽しみにしております。

そして、わがままな僕と人生を共にしてくれている、妻、毎日家族の笑顔をつくってくれるムードメーカーの子供達には本当に感謝しています。

カラフルでエキサイティング、そして楽しい人生をありがとう！　これから家族揃って、もっともっと楽しい人生にしていくので、今後とも、よろしくおねがいします!!

２０２０年11月28日

アメリカ　テキサス州　ダラスの書斎

著者略歴

浅野　ヨシ（本名：浅野仁洋）

1976年生まれ。19歳でアメリカへ移住しアメリカ生活24年目。カリフォルニアで不動産投資を始めて商用不動産投資歴14年になる。現在テキサス州ダラス近郊に住み、累計780室、63ミリオン（67億円）のアパート物件を保有し管理を行っている。ダラス、ヒューストン、フェニックスの3都市でアパート不動産投資実践中。金なし、コネなし、学歴なし、さらに異国の地でゼロスタートから億単位の資産形成に成功しセミリタイア。ホームオフィスなど場所を選ばないリモートワークスタイルを確立した。不動産投資の実践や、株・暗号資産（仮想通貨）など新しい投資知識のアップデートを常に行っている。その他の時間は妻と2人の子供達と有意義な家族の時間を楽しんでいる。

趣味はムエタイ（キックボクシング）でフルコンタクト空手世界大会出場経験もある。

自身のメンタルケアにも興味がありヨガを取り入れたストレッチや瞑想を朝のルーティンとしている。


ゼロスタートから米国不動産投資に成功している人のアパート投資法

2021年2月18日　初版発行　　2023年8月25日　第2刷発行

著　者　浅野　ヨシ　

発行人　森　　忠順

発行所　株式会社 セルバ出版
〒113-0034
東京都文京区湯島1丁目12番6号 高関ビル5B
☎03（5812）1178　FAX 03（5812）1188
https://seluba.co.jp/

発　売　株式会社 三省堂書店／創英社
〒101-0051
東京都千代田区神田神保町1丁目1番地
☎03（3291）2295　FAX 03（3292）7687

印刷・製本　株式会社 丸井工文社

Printed in JAPAN
ISBN978-4-86367-638-1